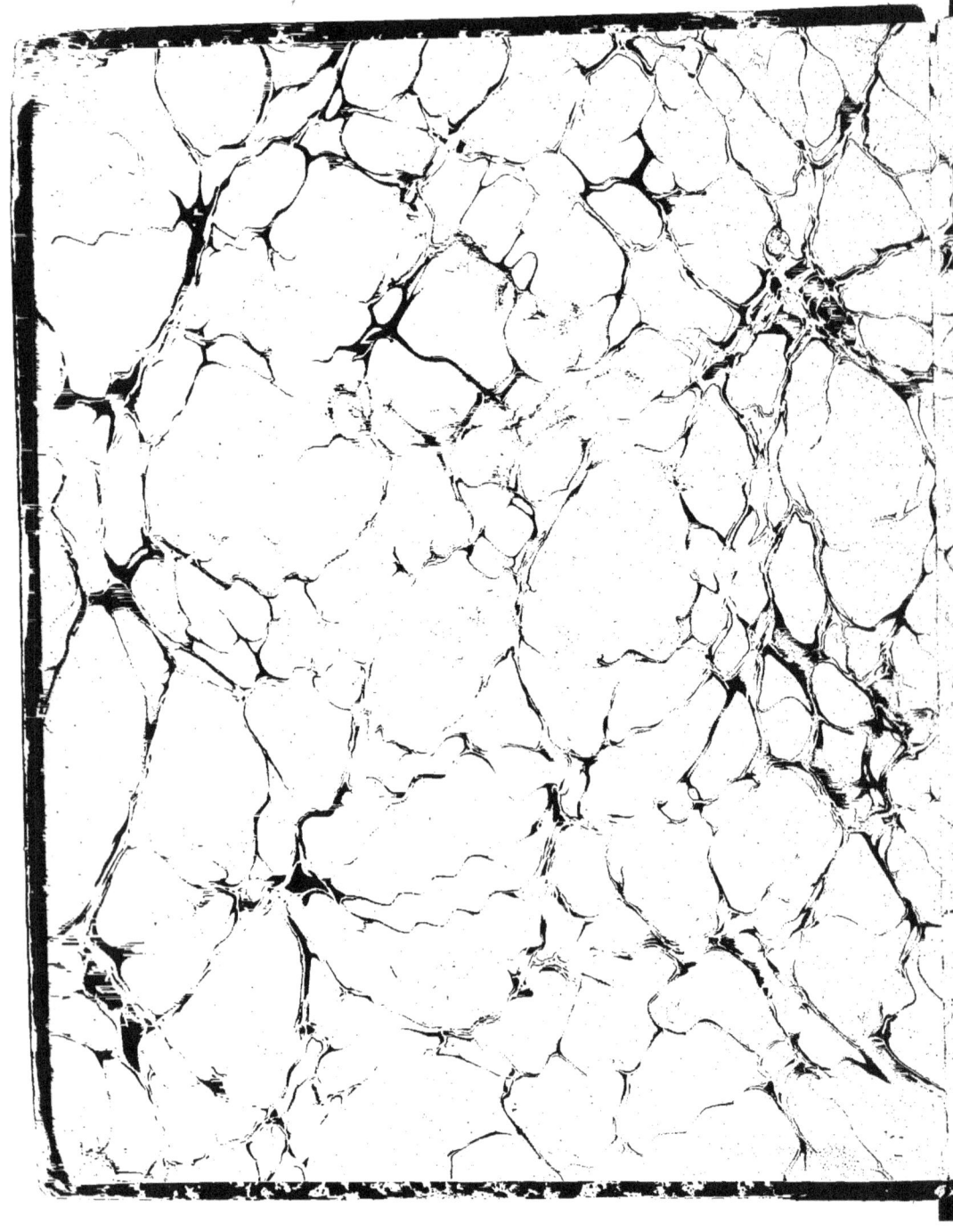

ARS ASIATICA

**LA PEINTURE CHINOISE AU
MUSÉE CERNUSCHI en 1912**
par ÉDOUARD CHAVANNES & RAPHAEL PETRUCCI

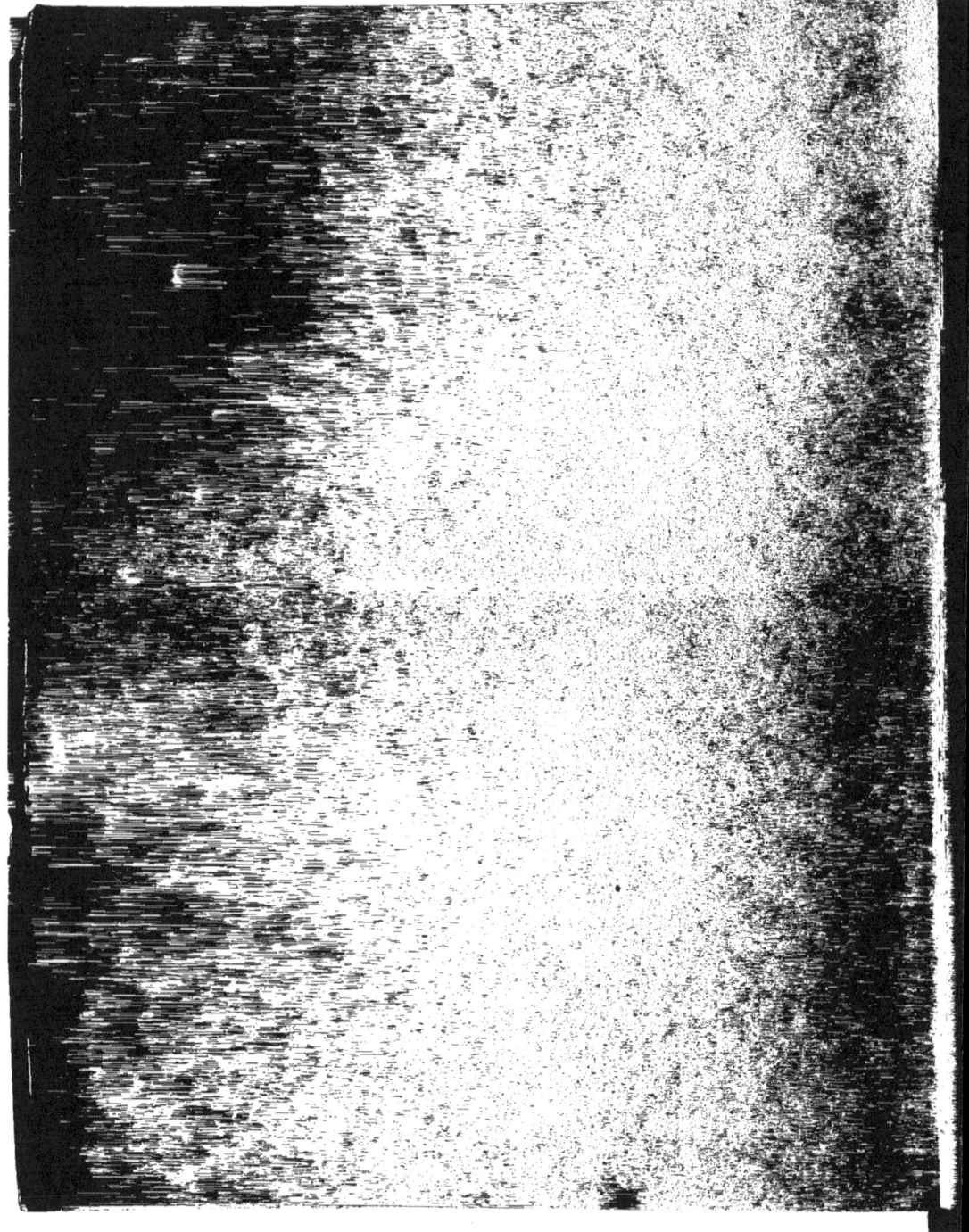

❂ ARS ASIATICA ❂ I ❂

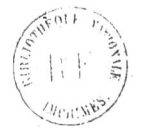

Il a été tiré de cet ouvrage 25 exemplaires de luxe, texte et planches sur papier de la Manufacture Impériale du Japon, numérotés de 1 à 25.

Répétition en couleurs de la PLANC

Le Palais Kieou-tch'eng, par Li Tchao-tao (viii° siècle).
Collection V. Goloubew. Répétition en couleurs de la PLANCHE I.

ARS ASIATICA

ÉTUDES ET DOCUMENTS PUBLIÉS SOUS LA DIRECTION DE

VICTOR GOLOUBEW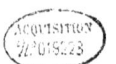

I

LA PEINTURE CHINOISE

AU MUSÉE CERNUSCHI

AVRIL—JUIN 1912

PAR

EDOUARD CHAVANNES et RAPHAËL PETRUCCI

BRUXELLES ET PARIS
LIBRAIRIE NATIONALE D'ART ET D'HISTOIRE
G. VAN OEST & Cie, Editeurs

1914

Siège de la Rédaction :
Bibliothèque d'Art et d'Archéologie, 18 rue Spontini, Paris.
Secrétaire : M. RENÉ JEAN

Le présent ouvrage, destiné à former le volume I de *Ars Asiatica*, se classe parmi les livres précurseurs qui ont été publiés en ces temps derniers chez nous et dans l'Extrême-Orient, et dont l'apport constituera un jour la première histoire critique de la peinture chinoise, depuis Kou K'ai-tche jusqu'à l'époque, éclectique et décadente, de l'Empereur K'ien-long.

Il s'adresse à la fois au sinologue et au connaisseur. L'étude minutieuse et documentée des cachets, des signatures, des attributions et des commentaires que porte l'image y précède et appuie l'examen de l'œuvre peinte. Cet examen se fait d'après les méthodes usuelles de l'occident, et non sans que les auteurs se soient d'abord assimilé l'enseignement philosophique des maîtres chinois, leur chronologie et la classification autochtone de leurs écoles.

Nous avons jugé utile de joindre à cette étude et aux planches qui l'accompagnent le catalogue sommaire de l'exposition où figurèrent les rouleaux de peinture décrits ici. On en a profité pour rectifier quelques dates et attributions.

V. G.

Septembre 1913.

INTRODUCTION.

L'exposition de peintures chinoises qui s'est tenue, pendant les mois de Mai et de Juin 1912, au Musée Cernuschi a rassemblé, durant cette période, un assez grand nombre d'œuvres diverses appartenant à des époques très différentes. D'une façon générale, des matériaux de ce genre sont peu accessibles en Europe. L'absence de bonnes pièces de comparaison, susceptibles de constituer quelques points de repère dans une production abondante, a eu souvent pour conséquence l'énoncé de théories fort aventurées. Il est grand temps que des études attentives viennent expliquer la multiplicité des écoles et la technique des maîtres chinois. Les amateurs de l'Art d'Extrême-Orient y trouveront, avec les éléments d'une information exacte, une raison d'être à leur engouement et les curieux de l'histoire asiatique n'en pénétreront que mieux une âme qui s'est livrée tout entière dans sa conception de la beauté.

C'est pourquoi il nous a paru qu'il ne serait pas inutile de tirer parti des matériaux assemblés. Nous avons choisi, parmi les peintures exposées, celles qui, pour des raisons diverses, permettaient de fixer une date, de caractériser un style, de définir une tendance: en les étudiant au double point de vue esthétique et épigraphique, nous avons cru nous rendre utiles au public de plus en plus étendu que la question intéresse.

Notre ambition serait que le présent travail laissât un souvenir durable d'un ensemble qui fut éphémère et qui méritait cependant de n'être pas oublié.

I.

EPOQUE DES T'ANG.

Par une bonne fortune, si rare qu'on n'eût même pas osé la prévoir, l'exposition du Musée Cernuschi comportait trois œuvres importantes de l'époque des T'ang. Chacune d'entre elles manifeste un style particulier et peut servir de base à une documentation précise. Nous devons donc nous y arrêter assez longuement et faire en sorte qu'elles puissent demeurer comme termes de comparaison pour les analyses futures.

1.

La première peinture sur laquelle doive se porter notre attention est un fragment représentant un palais impérial dans un paysage montagneux [1]. Ce fragment a dû être découpé dans un long rouleau sur lequel se développait une vaste composition.

---

[1] V. *Planche I.* — Cette peinture correspond au n° 53 du Catalogue sommaire publié par MM. V. Goloubew et d'Ardenne de Tizac. Elle appartient à la collection V. Goloubew.

Peut-être est-ce le seul débris survivant d'une œuvre admirable. Tel quel, comme on va le voir, il constitue un document de la plus haute importance.

Au-dessus du tableau on lit l'indication suivante: «Tableau représentant le palais Kieou-tch'eng fait par Li Tchao-tao, de l'époque des T'ang. Chef-d'œuvre. Conservé dans le Kouan fou tchai». 唐李昭道九成宮圖。神品。觀復齋藏.

Le sceau qui suit ces phrases est ainsi conçu: «Sceau des livres et des peintures du Kouan fou tchai de l'ancien Hi-tcheou».

Hi-tcheou est aujourd'hui la sous-préfecture de Hi 歙 qui constitue la cité préfectorale de Houei-tcheou dans la province de Ngan-houei. Le pavillon d'étude Kouan fou, qui se trouvait dans cette ville, prenait son nom d'un passage du *Tao tö king* où il est dit: «Tous les êtres se développent ensemble; moi, je les vois revenir (à leur origine)» 萬物並作。吾以觀其復. Les mots kouan fou signifient donc «voir revenir» et le sens philosophique qui leur est attribué par le *Tao tö king* a fait qu'on les a choisis comme le nom d'un pavillon d'étude.

Li Tchao-tao 李昭道 est un peintre bien connu de l'époque des T'ang [1]; il appartenait à la famille impériale: son père, Li Sseu-hiun 李思訓 qui vécut de 651 à 716 ou 720, fut lui-même un peintre renommé [2]; son grand-père se nommait Li Hiao-piu 李孝斌; son arrière-arrière-grand-père Li Yi 李禕 était le sixième fils de Li Hou 李虎 qui reçut rétrospectivement les noms de T'ai tsou king houang ti 太祖景皇帝 parce que son troisième fils Li P'ing 李昞 engendra en 566 celui qui devait devenir le fondateur de la dynastie des T'ang [3].

Le nom du palais Kieou-tch'eng signifie le palais à neuf gradins. C'est ainsi que, dit le *Tcheou li* [4], pour les réceptions des princes feudataires par l'empereur, on fait un autel à trois assises 爲壇三成. En ce qui concerne le palais Kieou-tch'eng cette dénomination rappelait sans doute que les constructions s'étageaient en neuf plans successifs sur le flanc d'une colline; c'est du moins l'explication que nous suggère la peinture même de Li Tchao-tao où les bâtiments nous apparaissent comme superposés les uns par rapport aux autres et par rapport à des esplanades qui les élèvent au-dessus de la plaine.

Le palais Kieou-tch'eng était situé sur la montagne T'ien-t'ai 天台 à 5 li à l'ouest de la sous-préfecture de Lin-yeou 麟遊, qui dépend de la préfecture de Fong-siang, dans la province de Chàn-si. Il occupait l'emplacement de l'ancien palais Jen-cheou 仁壽宮 dont la construction avait été ordonnée en 593 par l'empereur Wen, de la dynastie Souei. Abandonné en 617, le palais Jen-cheou avait servi à loger les autorités locales, mais en 631, l'empereur T'ai tsong, de la dynastie T'ang, reprit possession de cette ancienne résidence princière et la fit remettre entièrement à neuf afin d'y passer les jours chauds de l'été; ainsi fut édifié le palais Kieou-tch'eng.

---

1) Cf. Hirth, S. F. C. N. B. (= *Scraps from a Collector's Note Book*) app. I, N° 25; *T'ang chou*, chap. LXX, a, p. 16 v°.
2) Cf. Hirth, S. F. C. N. B. app. I, N° 24; *T'ang chou*, chap. LXX, a, p. 16 v°, et LXXVIII p. 1 r° et 3 r°.
3) Comme on le voit, il n'est pas exact de dire que Li Sseu-hiun était l'arrière-petit-fils du fondateur de la dynastie T'ang (cf. Giles, I. H. C. P. A. (= *An Introduction to the History of Chinese pictorial Art*), p. 41).
4) *Tcheou li*, chap. XXXIX, au début; trad. Biot, vol. II, p. 418.

Aujourd'hui, tout vestige des terrasses, des salles et des pavillons a disparu. Seules ont subsisté deux stèles qui nous rappellent le passé. L'une d'elles a été gravée dans l'été de 632, au moment où, pour la première fois, l'empereur T'ai tsong séjourna dans ce palais; elle a été composée par le célèbre Wei Tcheng [1]) 魏徵 (581—643) et écrite par le non moins fameux Ngeou-yang Siun [2]) 歐陽詢 (557—645); aussi est-elle admirée tant pour le style que pour la calligraphie et passe-t-elle pour un modèle en Chine [3]). Ce texte épigraphique commence par une description dont la peinture de Li Tchao-tao est le vivant commentaire: voici bien les deux roches à pic qui ont été séparées l'une de l'autre par la main des hommes afin de former comme les piliers gigantesques d'une entrée monumentale; voici l'étang aménagé pour recevoir les eaux au bas de la gorge de la montagne; voici le pont et voici les terrasses, les pavillons et les longues galeries. Le peintre a d'ailleurs pris soin d'animer ce paysage: en bas, un cavalier se dirige au galop vers le grand escalier au pied duquel sont fichés des dais et des étendards tandis que, en haut des marches, des guerriers montent la garde; dans le pavillon central apparaissent plusieurs femmes et le personnage solitaire qui est debout devant la salle du fond est peut-être l'empereur lui-même.

Si nous revenons à l'inscription, elle célèbre ensuite la vertu de l'empereur; elle dit qu'il a un besoin urgent de repos pendant les grosses chaleurs; elle le loue d'avoir usé de modération en se contentant de réparer l'ancien palais des Souei pour en faire sa résidence estivale; elle célèbre le prodige qui eut lieu lorsque l'empereur lui-même indiqua avec son bâton l'endroit où devait jaillir une source d'eau excellente.

La seconde inscription est de l'année 654 [4]); elle a été composée et rédigée par l'empereur Kao tsong en personne; elle fait en termes fort ampoulés l'éloge du palais qui en 652 avait reçu le nom de Wan-nien kong 萬年宮, mais qui reprit en 667 son premier nom de Kieou-tch'eng kong. Au revers — et c'est là son principal intérêt historique — la stèle présente une longue liste de noms où figurent, avec leurs titres, tous les hauts fonctionnaires qui composaient la cour de Kao tsong.

Le plus grand poète de l'époque des T'ang, Tou Fou 杜甫 (712—770), a écrit sur le palais Kieou-tch'eng une pièce de vers [5]) qui a dû être composée très peu d'années après la peinture de Li Tchao-tao; la traduction ci-dessous ne peut en donner qu'une idée imparfaite:

« La montagne verdoyante s'enfonce à cent li de profondeur, — les parois de roche sont coupées à pic comme le pilon et le mortier [6]).

---

1) Giles, *Biog. Dict.*, n° 2264.
2) Giles, *Biog. Dict.*, n° 1594.
3) Le texte de cette inscription nous est donné dans le *Kiu che ts'ouei pien*, chap. XLIII, p. 5 v°—6 r°; il porte le titre: 九成宮醴泉銘 « Eloge du palais aux neuf assises et de la source d'ambroisie ».
4) Voyez le *Kiu che ts'ouei pien*, chap. I, p. 2 v°—3 r°. L'inscription porte le titre: « Eloge du palais Wan-nien » 萬年宮銘.
5) Cf. *Ts'iuan T'ang che*, édit. lithographique, chap. VIII, p. 9 r°.
6) Nous supposons que cette métaphore évoque l'image du pilon dressé verticalement dans le mortier.

Le palais étagé permet au vent de circuler; — il s'élève de toute sa hauteur à l'entrée de T'ou-nang¹).

On a érigé des génies²) pour supporter les poutres faîtières; — on a creusé au ciseau les pierres de la couleur des plumes de martin-pêcheur pour ouvrir des portes et des fenêtres.

Au sud se produisent des champignons d'immortalité³); — au nord sont les constellations Nieou et Teou⁴).

Appuyés les uns sur les autres dans un fouillis inextricable, les hauts pins [semblent] s'incliner; — dressées et abruptes, les roches bizarres [semblent] marcher.

Le singe plaintif fait entendre sa lamentation — et les larmes du voyageur jaillissent dans la forêt et dans les fourrés d'herbes⁵).

Extravagant fut l'empereur de la maison des Souei; — il a disposé ces constructions qui maintenant sont écroulées et abimées.

Si sa dynastie n'avait pas disparu, — comment ce palais serait-il la possession des grands T'ang?⁶)

Quoiqu'on n'y ait ajouté aucun bâtiment nouveau — on y a établi des fonctionnaires pour y demeurer et pour le garder⁷).

Pour les tournées impériales, ce lieu n'est pas aussi lointain que l'étang des joyaux⁸); — pour y aller, il suffit d'être derrière le mur ciselé.

---

1) Dans une composition littéraire de Song Yu 宋玉 (vers 300 av. J.-C.) intitulée «Le Vent» 風賦, on lit que le vent se déchaîne à K'i-kou et fait rage à l'entrée de T'ou-nang» 侵淫谿谷盛怒於土囊之口. Un commentateur nous apprend que T'ou-nang est une grande caverne 大穴也. L'idée exprimée par Tou Fou est donc que le palais Kieou-tch'eng est battu des vents comme s'il se dressait à l'entrée de la caverne T'ou-nang où le vent fait rage.

2) Vraisemblablement des sortes de cariatides.

3) Sur le ling tche 靈芝 voyez Schlegel dans *T'oung pao*, 1895, p. 16—20.

4) Le principe yang correspond à la chaleur et à la vie; aussi est-il symbolisé ici par le champignon surnaturel qui est un gage d'immortalité. Le principe yin correspond au froid et à la mort. C'est de cette idée qu'il nous faut partir si nous voulons comprendre ce qu'entend le poète quand il dit que ce principe est symbolisé par les constellations du Bouvier 牽牛 et de la Grande Ourse 北斗; dans le *Tsin chou* (chap. XXXVI, p. 9 v°) il est question d'un prodige qui se produisit dans le ciel: c'était une émanation de couleur violette qui apparut entre les constellations teou et nieou; ce phénomène est expliqué comme étant l'essence d'une ou de plusieurs épées qui avait pénétré jusqu'au ciel 寶劍之精上徹於天耳; on trouva en effet deux épées merveilleuses dans la terre et, ce soir même, l'émanation qui s'était produite entre teou et nieou cessa d'être visible 其夕斗牛間氣不復見焉. Le poète Yu Sin 庾信 (VIe siècle ap. J.-C.) dit aussi (cf. *Yu tere chou tsi*, chap. III, p. 16 1°): «l'épée Long-yuan heurta nieou et teou» 龍淵觸牛斗. De ces citations il résulte que les constellations nieou et teou symbolisent l'épée, c'est-à-dire l'instrument qui punit de mort. Le sens de la phrase de Tou Fou est donc celui-ci: le palais Kieou-tch'eng est en parfait accord avec le principe de la vie et avec celui de la mort, avec le yang et avec le yin.

5) Les larmes du voyageur sont motivées, comme on va le voir, par les tristes réflexions que lui inspire la fragilité des choses humaines.

6) Le fait même que les T'ang occupent maintenant ce palais rappelle l'effondrement de la dynastie des Souei.

7) Un commentateur rappelle qu'il y avait en effet un surveillant général du palais Kieou-tch'eng, un surveillant adjoint et deux autres fonctionnaires subalternes.

8) L'étang des joyaux est celui auprès duquel vivait la Si wang mou. Pour aller à sa résidence d'été, l'empereur n'a qu'un court trajet à faire; il ne lui est pas nécessaire d'entreprendre un aussi lointain voyage que la légendaire randonnée du roi Mou à la recherche de la Si wang mou.

Quand je suis venu ici, c'était une époque périlleuse [1]); — levant la tête pour contempler, je soupirai longuement.

Le Roi céleste se trouvait dans la région de la planète T'ai-po [2]); — arrêtant mon cheval je restai pensif [3])».

蒼山入百里。崖斷如杵臼。昔宮憑風迴。炎裳土囊口。立神扶棟梁。鑿翠開戶牖。其陽產靈芝。其陰宿牛斗。紛扶長松倒。揭嶬怪石走。哀猱啼一聲。客淚迸林藪。荒哉晴家帝。製此今頹朽。向使國不亡。焉爲巨唐有。雖無新增修。尚置官居守。巡非瑤水遠。迹是雕牆後。我行屬時危。仰望嗟歎久。天王守太白。駐馬更搔首。

Le tableau de Li Tchao-tao rentre dans une catégorie bien nette, celle des peintures représentant des palais 宮室類. De même que le palais A-fang 阿房宮 des Ts'in, ou le palais Kan-ts'iuan 甘泉 des Han, le palais Kieou-tch'eng des T'ang est un de ceux qui, dans cette catégorie, ont été le plus souvent reproduits; la tradition s'en est conservée longtemps après les T'ang; nous savons que, au dixième siècle, Kouo Tchong-chou 郭忠恕 avait fait une peinture du palais Kieou-tch'eng et nous possédons les poésies que, à l'époque des Yuan, Wang Che-hi 王士熙 composa sur ce tableau [4]).

On le voit, les renseignements groupés autour de cette œuvre sont assez abondants pour nous permettre de déterminer des caractères certains dans l'art de l'époque des T'ang. Il nous reste à les passer en revue d'une façon méthodique. Pour cela nous nous attacherons d'abord à ceux qui gardent le sens le plus général et qui, par conséquent, s'appliquent à la peinture chinoise tout entière, pour revenir ensuite à Li Tchao-tao et pour déterminer la place qu'il occupe dans l'histoire.

La catégorie des *Kong che lei* 宮室類 rentre dans l'ensemble de ce que les peintres chinois appellent «les maisons et les tours à étages» 樓閣. Elle forme une subdivision de la catégorie des *jen-wou* 人物 (les hommes et les choses) et elle comporte une technique qui lui est tout à fait spéciale.

En effet, si, dans l'ordonnance générale d'une peinture, l'aspect perspectif peut être atteint par une perspective cavalière que les Chinois appliquent librement, il n'en est plus de même lorsque, aux éléments d'un paysage, s'ajoutent des constructions complexes. Il faut alors que le dessin comporte une certitude pour ainsi dire absolue, et le moindre tremblement, la moindre erreur dans la direction des lignes donnera au spectateur l'impression que les édifices sont construits de travers et qu'ils vont s'écrouler. L'application des principes perspectifs ne peut donc plus, ici, dépendre exclusivement du

---

1) On sait que Tou Fou a passé par des moments fort difficiles et il nous décrit dans une de ses poésies sa fuite éperdue avec sa famille.
2) Quand Arcturus du Bouvier (le Roi Céleste) apparaît dans le ciel à côté de Vénus (T'ai po), c'est le soir.
3) Littéralement «je me grattai la tête», mais le sens de cette expression est celui que nous indiquons.
4) Voyez le *Yu ting li tai t'i houa che lei* 御定歷代題畫詩類 (recueil constitué par Tch'en Pang-yen 陳邦彥 et publié avec une préface de l'empereur K'ang-hi datée de 1707), chap. CXIII, p. 4 r°.

sentiment. Il faudra que le parallélisme, ou la verticalité des lignes des édifices, ou leurs positions incidentes soient déterminés exactement suivant les lois de la perspective cavalière. Pour cela, le peintre a besoin de certains outils qui le dirigent. De là est venu ce que les Chinois appellent la peinture à l'équerre et à la règle. Le *kie houa siun houa* 界劃洵畫 comporte une maîtrise particulière dans une technique qui est le contre-pied de la technique habituelle au peintre chinois. La nature calligraphique du trait, l'allure du pinceau dérivant d'une main assouplie au tracé des pleins et des déliés, des encrages brusques et violents, des dégradés subtils et presque insaisissables de l'encre de chine, tout cela donne à la peinture chinoise un caractère de sécurité, de soudaineté et de vie, qui constituent l'un de ses plus grands charmes. L'idéal est alors dans la liberté la plus entière, dans un trait où se révèle une personnalité accusée. On comprend qu'une technique dans laquelle interviennent la règle et l'équerre soit toute différente. Le trait devient mince et égal. Dans son allure géométrique il perd cette personnalité que l'on admire chez les grands peintres et les grands calligraphes; il comporte enfin, dans sa réalisation, des difficultés d'autant plus grandes qu'il continue à être tracé au pinceau. Tous ceux qui auront dessiné une épure quelque peu complexe savent combien, même avec cet instrument sûr qu'est le tire-ligne, il faut être soigneux et attentif pour ne rien gâter. A plus forte raison lorsqu'il s'agit de promener contre l'équerre et contre la règle un pinceau flexible: d'aisé et de violent le dessin devient appliqué et minutieux. Peu de peintres se sont assujettis à cette étude nouvelle; certains cependant y sont arrivés à la maîtrise.

Pour donner une idée de cet aspect nouveau de la peinture chinoise nous ne saurions mieux faire que d'emprunter au *Kie tseu yuan houa tchouan* 芥子園畫傳 la page qu'il consacre à cette technique spéciale.

«Les maisons et les tours à étages, dans la peinture, c'est comme le *Kieou-tch'eng kong* ou le *Ma-kou t'an* 麻姑壇¹) dans l'écriture. Ce sont des écritures pures et droites. Ceux qui ont le pinceau fantaisiste et des idées personnelles disent avec fierté qu'ils ne veulent pas faire cela. Quand on travaille ces choses, il faut nécessairement prendre modèle sur les anciens. Quand on saisit le pinceau, les dix doigts sont d'abord crispés pendant des journées entières, on n'arrive pas à poser le premier point d'encre. C'est pourquoi, parmi les anciens, considérons celui qui est le plus en dehors des règles, comme Kouo Chou-sien 郭恕先²); des tableaux de huit ou dix *tchang* 丈³) pouvaient à peine suffire à recevoir un seul jet de son encre; il faisait quelques maisons de bois; ainsi on peut l'appeler sans règles. Mais si, un jour, il prenait l'équerre et la règle et

---

1) Comme on l'a vu plus haut, le texte de la stèle de 632 relative au palais Kieou-tch'ong avait été écrit par le célèbre calligraphe Ngeou-yang Siun. La calligraphie en a été si universellement admirée que le nom même de Kieou-tch'eng a servi à désigner un style d'écriture.

Le terme de Ma-kou-t'an ou autel de Ma Kou appliqué à la calligraphie a une origine semblable. — Il fait allusion à une inscription de l'année 772, composée et écrite par Yen Tchen-k'ing 顏真卿, célèbre homme d'état, écrivain et calligraphe qui vécut de 709 à 785 (cf. Giles, *Biog. Dict.*, n° 2463, et *Kin che ts'ouei pien*, chap. XCVI, p. 9 r° et v°).

2) Kouo Tchong-chou 郭忠恕 appellation Chou-sien 恕先. Peintre de la dynastie des Song, mort en 977. Giles I. H. C. P. A., p. 89, et id. *Biog. Dict.*, n° 1060.

3) Le *tchang* est une mesure de longueur qui vaut dix *tch'e* 尺 ou pieds chinois. Le *tch'e* a varié suivant les époques et les provinces. Il vaut environ 35 centimètres.

s'il entassait des traits minuscules pour former des tours et des maisons à étages, alors on avait des fenêtres, des chevrons, des piliers, des chapiteaux, et des *feou-seu* 累罨 ¹) étendus comme des nuages, mouvants comme le vent. On pouvait y discerner jusqu'à un poil ou à un cheveu. Parmi leurs accumulations et leurs détours [il semblait qu']on pouvait promener son corps. Les peintres d'aujourd'hui sont incapables d'atteindre à un travail semblable; on peut voir ainsi que les anciens sont [aussi] hors des règles par leur extrême soin. Il n'y a pas d'audace sans attention. Peut-on dire que les peintures faites à la règle semblent être l'œuvre d'un artisan et les laisser sans les étudier? Les peintures à la règle sont comme les commandements du bouddhisme. Ceux qui étudient le bouddhisme doivent nécessairement commencer par les commandements. Alors, durant toute leur vie, ils ne sortent pas de la Voie; sinon, ils seraient comme des renards qui courent dans le désert. Les peintures à la règle sont vraiment les commandements des peintres, la clé des débutants » ²).

Ceci nous montre à la fois quelles étaient les difficultés de la peinture à la règle et quels étaient les préjugés de certains peintres contre cette technique à l'époque où Li Yu 李漁 écrivait le *Kie tseu yuan*, c'est-à-dire à la fin du XVIIᵉ siècle. A ce moment, du reste, on avait derrière soi une longue évolution, car la peinture à la règle et à l'équerre date du temps où s'est constituée la peinture chinoise, de la période que nous pourrions appeler primitive. Elle était très en honneur chez les peintres des T'ang, au VIIIᵉ siècle. A ce moment, on découvrait les lois de la perspective linéaire et aérienne et, si le système était différent de celui que notre art a adopté, il n'en comportait pas moins sa part de conventions et de réalisme. De même, au début de la Renaissance, les Van Eyck en Flandre, les Bellini, les Paolo Uccello, les Ghirlandajo en Italie se complaisaient à appliquer les principes nouveaux, à élever en de belles ordonnances des édifices complexes qu'ils pouvaient déterminer avec sûreté. Les peintres chinois ont éprouvé, dans des conditions analogues, des désirs semblables et c'est pourquoi nous voyons l'application savante de leur système perspectif au dessin des édifices donner lieu à cette technique particulière que comportent la peinture à la règle et la représentation des palais.

L'autorité que les anciens maîtres ont acquise dans ce genre a été durable. Une petite peinture portant un cachet malheureusement illisible ³) pouvait, à l'exposition du Musée Cernuschi, être comparée avec fruit à celle de Li Tchao-tao. Par le style des bâtiments autant que par la technique des arbres et des rochers elle semble pouvoir être attribuée avec quelque certitude au début de l'époque des Ming. On y sent tout aussitôt la différence entre l'œuvre d'un grand maître et celle d'un peintre secondaire. Autant, dans le *Kieou-tch'eng kong* de Li Tchao-tao, les lignes sont nettes et fermement tracées, autant elles sont molles et hésitantes dans cette petite peinture. Pour peu que

---

1) Le *feou-seu* est un petit mur élevé devant la porte d'une cour pour dérober aux passants la vue de la maison.
2) *Kie tseu yuan houa tchouan*, premier *tsi*, 4ᵉ pen, pag. 38 rᵒ et vᵒ. Pour les indications relatives à la bibliographie du *Kie tseu yuan* voir: R. Petrucci, *Le Kie tseu yuan houa tchouan traduit et commenté*, préface; *T'oung Pao*, XIII, p. 43, 47, et note additionnelle id., pp. 133 à 136.
3) Collection de M. V. Goloubew, n° 86 du Catalogue sommaire de l'exposition du Musée Cernuschi. V. *Planche XXXII*.

l'on soit habitué à lire la perspective cavalière, on verra que la perspective des toits et des terrasses y comporte des erreurs que l'on chercherait vainement à déceler dans le *Kieou-tch'eng kong*. Telle quelle, cependant, elle est intéressante, car elle nous montre la permanence d'une tradition et l'origine d'une technique particulière.

Le *Kie tseu yuan houa tchouan* nous apporte une nouvelle preuve de la valeur des vieilles peintures à la règle et de l'ancienneté des modèles que l'on proposait aux peintres du XVIIe siècle, car l'une de ses planches donnant l'image d'un pavillon à neuf angles et dix-huit faces 九曲十八面亭式¹) semble bien ne pas être autre chose que le pavillon figurant dans la peinture de Li Tchao-tao. Il est fort possible que, parmi les autres dessins donnés en exemple, certains, sinon tous, représentent des édifices figurés sur ce rouleau du Kieou-tch'eng kong dont nous n'avons plus sous les yeux qu'un débris.

Voilà pour ce qui concerne les peintures à la règle des fabriques et des palais, dans l'art chinois.

Le caractère général en étant indiqué, il convient maintenant d'examiner la peinture au point de vue historique en la situant à l'époque lointaine qu'il nous est permis de déterminer.

Comme nous l'avons dit déjà, elle ne constitue dans son état actuel qu'un débris. Il est visible en effet que le fragment préservé est détaché d'un de ces longs rouleaux, que les Japonais appellent des *makimonos* 卷物 et sur lequel se développait un large paysage avec la suite des édifices qui s'y trouvaient situés. La façon dont la composition est établie, sans ces divisions «ciel» 天 et «terre» 地 qui caractérisent la peinture en hauteur, ne laisse aucun doute à cet égard. Si mutilé que soit ce fragment, il nous révèle cependant l'œuvre d'un des grands maîtres de l'art chinois. C'est à Li Tchao-tao, en effet, et à son père Li Sseu-hiun que les textes attribuent la fondation de l'Ecole du Nord, par opposition à l'école du Sud établie, à la même époque, par Wang Wei 王維.

On sait dans quel sens il faut prendre ces termes d'école du Nord et d'Ecole du Sud. Ce sont plutôt des styles que des écoles et ils furent souvent également pratiqués par un même peintre, quelle qu'ait été son origine septentrionale ou méridionale. Tandis que le style du Sud affectionne le monochrome à l'encre de chine, faiblement relevé par places de quelque teinte légère²), le style du Nord a un caractère violent, puissant, le trait est accusé, la couleur saturée et diverse. Du moins est-ce sous cet aspect que les deux styles nous apparaissent au temps des Song, alors qu'ils nous sont représentés par des œuvres assez nombreuses.

Cependant, si nous comparons la peinture de Li Tchao-tao à des peintures plus récentes, nous pouvons voir que le style du Nord n'affectionna pas toujours cette recherche du trait violent, synthétisant hardiment les formes. Dans le fragment de

---

1) *Kie tseu yuan houa tchouan*, premier tsi, 4e pen, p. 40 v°, édition lithographique de Changhaï, publié par la librairie Wen-sin 文新 1887.

2) Voir, plus bas, la peinture attribuée à Ma Lin 馬麟 qui constitue un excellent exemple du style du Sud sous les Song et les Yuan.

rouleau que nous avons sous les yeux, le trait est souple et fin, il cerne les contours avec une grande précision et il rappelle d'assez près la technique révélée par la peinture de Kou K'ai-tche [1]) 顧愷之, au British Museum.

Celle-ci peut être attribuée à la fin du IVe ou au début du Ve siècle; par conséquent, elle nous donne une idée de ce qu'était la technique du trait avant la réforme introduite par les deux Li, d'une part, et par Wang Wei, de l'autre. Cette comparaison nous permet de constater que la peinture de l'époque des T'ang au VIIIe siècle conservait des traditions venues d'une époque antérieure: ce n'est encore qu'une indication sur le mouvement qui a précédé la constitution des deux styles du Nord et du Sud. C'est assez pour nous montrer la véracité des textes au moyen desquels nous pouvons aborder cette histoire.

La peinture de Li Tchao-tao nous montre au point de vue de la couleur un des caractères les plus essentiels du style du Nord. Le contour des formes est dessiné avec un soin extrême et l'intervalle est rempli par l'apposition du pigment coloré; quelques reprises du dessin dans la masse ne suffisent pas à enlever à cette technique le caractère d'une sorte d'enluminure aux couleurs saturées, aux accords riches et audacieux. C'est là le propre du style du Nord, tel qu'il nous apparaît à ses origines. Les peintures de Wang Wei, telles qu'on peut les deviner aussi bien à travers les textes qu'à travers le beau rouleau peint dans sa manière par Tchao Mong-fou 趙孟頫 [2]), lorsqu'elles comportent l'emploi de la couleur, sont, au contraire, exécutées dans des dégradés et des demi-teintes (*siuan* 渲 et *t'an* 澹) par lesquelles ce maître exprimait les évanouissements subtils de la perspective aérienne. Le style du Nord comporte donc quelque chose de plus primitif dans sa vision. Il se prête à des images énergiques, violentes, que certains maîtres des Song ont assouplies, mais qui ont repris plus tard, sous les Yuan, le même caractère de violence et de richesse barbare.

Avec Li Tchao-tao nous en sommes encore aux origines de l'école. La culture et le raffinement sont visibles dans les détails soigneusement exécutés et dans la variété des colorations dont le caractère somptueux est indéniable. D'autre part, il est fort intéressant de comparer cette peinture à celle de Touen-houang et particulièrement à certaines représentations de la vie du Buddha Çakyamouni. Celles-ci, en effet, ont pris des apparences chinoises: ce sont des magistrats chinois, des soldats, des palais chinois qui évoquent le milieu dans lequel vécut le Buddha. Ces scènes sont particulièrement fréquentes sur certaines bannières de soie rapportées par Sir Aurel Stein. Quoiqu'elles soient inférieures au point de vue artistique à la peinture de Li Tchao-tao, elles révèlent cependant la même technique et la même ordonnance générale. Le cavalier galopant vers le pont, les arbres, le pont lui-même, tout cela se retrouve, identique, dans les bannières de Touen-houang. Comme elles peuvent être datées avec certitude de l'époque des T'ang ou, tout au plus, du début des Song, elles nous apportent un argument nouveau en faveur de l'authenticité de l'œuvre mutilée qui, après le Kou K'ai-tche du

---

1) Voir Chavannes, Note sur la peinture de Kou K'ai-tche; *T'oung Pao* 1909, pp. 76—86.
2) Conservé au British Museum.

British Museum, constitue l'exemplaire de peinture chinoise le plus ancien que nous possédions en Europe.

Mais ce ne sont pas là les seuls éléments que nous puissions retirer de cette étude, il convient encore de comparer le *Kieou-tch'eng kong* de Li à certaines peintures japonaises des hautes périodes. La cascade de Nachi[1]) attribuée à Kocé no Kanaoka 巨勢の金岡 ainsi que la belle peinture de la collection du marquis Inoyé, exposée à Londres en 1910[2]), nous montrent que l'école japonaise de Kocé se relie étroitement à l'art chinois des T'ang. Kocé no Kanaoka travaillait au VIIIe ou au IXe siècle. Ce moment correspond assez directement à la période où vivait Li Tchao-tao, c'est-à-dire au VIIIe siècle. La comparaison nous révèle la même technique: le trait cernant les formes, la couleur accusée à la fois réservée et somptueuse, l'allure puissante et un peu sombre de la composition. Des liens précis s'établissent ainsi; ils confirment ce que nous pouvions retirer des textes et ce qui, jusqu'à présent, restait encore hypothétique. Au point de vue de l'histoire de la peinture en Chine comme au Japon, ce débris auguste, aussi bien par sa valeur intrinsèque que par les renseignements groupés autour de lui, constitue l'un des documents les plus importants auxquels nous puissions avoir recours.

2.

Une autre des peintures qui figuraient à l'exposition du Musée Cernuschi va se présenter à nous, avec des caractères certains d'authenticité, comme appartenant à l'époque des T'ang. Elle représente une grande figure debout, dressée dans une allure superbe de calme et de grandeur[3]).

Au sommet de cette peinture on a ajouté une notice ainsi conçue:

«Le tai-tchao T'eng dont l'appellation est Cheng-houa suivit Hi tsong lorsque celui-ci entra dans le pays de Chou (Tch'eng-tou fou dans la province de Sseu-tch'ouan). Les belles œuvres de sa calligraphie et de sa peinture ne se sont transmises que rarement dans le monde; ce panneau en est un véritable vestige de tout premier ordre. Il est regrettable que la soie formant le fond soit endommagée; mais, du moins, la personne même du *tsou-che* n'est aucunement endommagée; apparemment les hommes divins l'ont protégée et cela n'est point un propos sans fondement.

Tch'ou-ki a écrit ceci en saluant».

Cette notice nous apprend tout d'abord quel est le personnage représenté: c'est le *tsou-che*, c'est-à-dire le bienheureux Lu Tong-pin 呂洞賓 souvent désigné par cette dénomination de patriarche (*tsou*) et de maître (*che*). On voit aussitôt la parenté étroite qui existe entre cette peinture et celle que nous étudions ensuite; dans l'un et l'autre cas, la représentation de Lu Tong-pin s'inspire d'une tradition identique.

Maintenant quel est l'auteur de cette notice? Le nom de Tch'ou-ki pourrait être

---

1) Cf. Kokka, n° 222.
2) Cf. Kokka, n° 253.
3) Collection de M. Worch; n° 47 du Catalogue sommaire. V. *Planches II et III*.

celui du fameux moine taoïste K'ieou Tch'ou-ki 邱處機 dont on connaît les relations amicales avec Tchinghiz Khan en 1219 et 1220 ¹). Assurément il n'y aurait rien de surprenant à ce qu'un moine taoïste se fût intéressé à un tableau représentant un des personnages les plus vénérés de sa religion; nous conservons cependant des doutes sur cette attribution, car il nous paraît impossible que l'autographe remonte au XIII⁰ siècle.

Cette notice nous apprend que le peintre a pour nom de famille T'eng et qu'il accompagna l'empereur Hi tsong, de la dynastie des T'ang, lorsqu'en 881 celui-ci s'enfuit devant le rebelle Houang Tch'ao et se réfugia dans le Sseu-tch'ouan. — Quel crédit peut-on attribuer à ce renseignement qui ferait de cette œuvre un des plus anciens et des plus précieux monuments de la peinture chinoise? N'y a-t-il pas lieu de supposer que, s'il y a eu effectivement une peinture analogue faite au neuvième siècle par un artiste dont le nom de famille était T'eng, celle-ci n'en est qu'une copie exécutée à une époque plus tardive? Nous croyons, pour nous, que cette pièce est d'une authenticité absolue. En effet si l'on regarde attentivement les vestiges de l'inscription à droite du tableau, on voit que le dernier caractère est le mot *pi* 筆 qui signifie «pinceau» et, par suite, «a peint». Le nom du peintre devait donc précéder immédiatement ce mot; or, on peut encore discerner le caractère qui est au-dessus du mot 筆, c'est très certainement le caractère 祐 et ce caractère devra par conséquent terminer le nom du peintre. D'autre part, un passage de la biographie du fameux peintre Houang Ts'iuan 黃筌 qui vivait dans la première moitié du dixième siècle nous apprend que Houang Ts'iuan, originaire de Tch'eng-tou, capitale du Sseu-tch'ouan, étudia auprès des maîtres qui étaient venus en 881 dans cette province à la suite de Hi tsong; parmi ces maîtres, on cite T'eng Tch'ang-yeou ²) 滕昌祐; c'est évidemment celui-ci qui est l'auteur de notre tableau.

Le Kie tseu yuan houa tchouan, dans ses sections consacrées à la peinture des fleurs et des oiseaux, des plantes herbacées et des insectes, parle à plusieurs reprises de T'eng Tch'ang-yeou et lui attribue une place importante dans l'histoire de la peinture; il le cite à côté de Tchong Yin 鍾隱, de Houang Ts'iuan 黃筌 et de ses fils Kiu-ts'ai 居寀 et Kiu-pao 居寶. Il dit expressément que, «dans ses recherches relatives au pinceau et à l'encre, Tch'ang-yeou n'eut pas besoin de maître». D'autre part, le *Li tai houa che houei tchouan* consacre une biographie à ce peintre (34⁰ kiuen, p. 5 r⁰). Il est né à Wou 吳 (c'est-à-dire à Sou-tcheou fou), province de Kiang-nan. Il vécut sous le règne de l'empereur Hi-tsong 僖宗 et le *Li tai houa che* dit aussi qu'il suivit Hi tsong lorsqu'il alla dans le pays de Chou 蜀. Nous retrouvons de même, dans cette biographie, la phrase du *Kie tseu yuan* où il est dit qu'il travailla sans maîtres. Il peignit les fleurs, les oiseaux, les papillons et les plantes avec un caractère et une conception de la vie qui étonnèrent ses contemporains. Il fut surtout renommé par ses peintures de pruniers et d'oies sauvages. Son idéal était pur et fier. Il vécut plus de 85 ans. D'après le *Li*

---

1) Cf. *T'oung Pao*, 1908, p. 298—309.
2) Cf. Hirth, S. F. C. N. B., p. 96.

tai houa che, il est mentionné dans les ouvrages suivants: le *Yi tcheou ming houa lou*, le *Siuan ho houa p'ou*, le *Houa che*, le *T'ou houei pao kien*, le *Tou houa min k'ieou ki*.

Si l'on considère que T'eng Tch'ang-yeou est peu connu parce que ses œuvres sont fort rares, comme le dit la notice de Tch'ou-ki; si, en outre, on remarque que son nom est à peu près entièrement effacé de l'inscription qui aurait pu nous le révéler, on conclura qu'une attribution aussi difficile à établir constitue une très grande preuve d'authenticité. Un copiste, qui aurait voulu faire passer son œuvre pour un tableau de maître, aurait sans aucun doute reproduit la signature d'une manière plus lisible.

Puisque nous admettons que cette pièce est authentique, nous devrons la considérer comme la plus ancienne figuration que nous connaissions de Lu Tong-pin; ce bienheureux a vécu dans la seconde moitié du huitième siècle; c'est moins de cent ans après sa mort que T'eng Tch'ang-yeou l'a représenté. Sous la forme que le peintre lui a donnée, Lu Tong-pin nous apparaît comme un homme ordinaire; il n'a pas la figure conventionnelle qu'il a prise plus tard; il n'a pas l'attribut qui le distingue dans le groupe des huit immortels auquel il n'a pas encore dû être agrégé.

Toutes ces considérations semblent donc bien établir que nous nous trouvons en présence d'une peinture de figure du IXe siècle. Comme pour la peinture de Li Tchao-tao, les caractères intrinsèques de l'œuvre confirment les données épigraphiques.

Nous n'avons aucune pièce de comparaison dont l'authenticité soit bien certaine et que nous puissions faire remonter aussi haut, car il s'agit ici non d'une peinture bouddhique mais d'une peinture taoïste. Cependant, nous possédons des estampages de pierres gravées sur des originaux de Wou Tao-tseu. Il est difficile, à travers ces interprétations imparfaites et tardives, de se faire une idée nette du style des T'ang dans la peinture de figure. Cependant si nous y retrouvons des éléments qui se relient d'une façon directe et qui confirment l'art et la technique d'une œuvre dont la date est déterminée par des éléments si précis, nous pouvons dire que la démonstration sera assez complète pour nous permettre de conclure en toute certitude.

L'un de nous a rapporté de sa mission dans la Chine septentrionale des estampages de pierres gravées au XIe et au XIIe siècle. La première de ces gravures sur pierre a été exécutée en 1095[1]) d'après Wou Tao-tseu. Elle représente Confucius entouré de ses disciples. Elle évoque, dans le groupement et dans l'allure des figures, ce caractère d'autorité que nous révèle l'œuvre de T'eng Tch'ang-yeou. Une autre, gravée en 1118 d'après un original de Wou Tao-tseu, selon les uns, de Kou K'ai-tche[2]), selon les autres, représente Confucius suivi de son disciple Yen-tseu. A comparer le Lu Tong-pin de T'eng Tch'ang-yeou au Confucius de la pierre gravée, on voit qu'il s'agit du même art. La gravure sur pierre nous a conservé dans les plis du vêtement, dans l'allure du geste, dans les traits du visage, des caractères assez proches de la peinture que nous avons sous les yeux. Tous les éléments d'information ou de comparaison nous donnent donc des preuves convergentes en faveur de l'authenticité de l'œuvre de T'eng Tch'ang-yeou.

1) Chavannes, *Mission archéologique dans la Chine septentrionale*, pl. CCCXCVII, n° 869. Paris, Leroux.
2) Idem, pl. CCCXCVIII, n° 871.

Nous pouvons dire, par conséquent, que nous possédons ici un exemple certain de ce qu'était la peinture de figure sous les T'ang.

Il présente d'autre part cet intérêt qu'il n'appartient pas à la peinture bouddhique. Il se rattache, au contraire, à cette conception que l'on avait des héros de l'antiquité; il est purement chinois et laïque. A l'étudier de près, on voit qu'il nous révèle un idéal dont l'œuvre de Kou K'ai-tche était déjà une expression.

L'autorité, l'allure grandiose de la figure se retrouvent dans certains des personnages figurant parmi les scènes évoquées par Kou K'ai-tche. Mais il y a ici quelque chose de plus large et de plus grand. Le trait est plus robuste; on voit que la réforme attribuée à Wou Tao-tseu a passé dans l'histoire et que l'influence de l'art bouddhique s'est exercée dans une certaine mesure. Car, si l'on n'y retrouve pas l'intervention de ce style étranger qu'il a apporté avec lui, du moins y sent-on quelque chose de sa façon de concevoir le divin. Il semble néanmoins que la tradition chinoise des grands hommes de l'antiquité, de ses personnages fabuleux et de ses génies, adoptée et continuée parallèlement aux représentations du panthéon bouddhique, ait conservé aussi, à côté des techniques et des formules révélées par celui-ci, les caractères de l'ancien art chinois. Cette séparation a été consciente et très affirmée, puisque, dans les classifications de l'époque des Ming, on retrouve encore à côté des catégories qui renferment les bouddhas, les bodhisattvas, les génies et les saints du bouddhisme, une catégorie spéciale qui comprend les représentations de l'Empereur d'en haut, des Rois, des Princes et des grands personnages de l'antiquité. Sans doute, il serait aventuré de faire reposer sur une seule peinture toute une théorie relative à la résistance opposée aux influences bouddhiques par l'ancienne tradition; au moins pouvons-nous constater que le dernier mot n'est pas dit encore sur cette histoire et qu'il ne faut pas, comme on l'a trop généralement fait jusqu'ici, attribuer à l'art bouddhique en Chine une importance exclusive.

On voyait à l'Exposition du Musée Cernuschi un autre tableau dont l'analogie avec le précédent était évidente [1]. Dans sa partie supérieure, une inscription, à peu près intraduisible, contient une sorte de révélation que Lu Tong-pin aurait prononcée par le procédé magique que les Chinois appellent «faire descendre le pinceau»; ce procédé, qui rappelle celui de nos tables tournantes et de nos esprits frappeurs, consiste à suspendre un pinceau, ou tout autre instrument pouvant écrire, au-dessus d'une feuille de papier; quand l'âme à laquelle on s'adresse a été invoquée, le pinceau se meut sous l'influence d'un médium et trace sur le papier des caractères et des phrases qui passent pour être une manifestation surnaturelle [2]. A la fin de l'inscription on lit la phrase suivante: «Dans le monde de la loi, l'année *ping-yin*, le dernier mois de l'hiver, Chouen-yang tseu, qui n'est autre que Tong-pin, a fait descendre son pinceau». 法世界丙寅季冬純陽子洞賓降筆.

---

[1] Collection V. Goloubew, n° 35 du Catalogue sommaire. V. *Planches IV et V*.
[2] Sur les divers procédés par lesquels se pratique ce procédé de divination, voyez De Groot, *The religious system of China*, vol. VI, p. 1295—1322. Leide, Brill.

Cette inscription ne nous apprend donc rien sur la date de la peinture. Nous ne pouvons par conséquent étudier ce tableau qu'au moyen d'une comparaison attentive avec l'œuvre précédente.

Au point de vue extérieur, on voit tout aussitôt que, si elle est traitée dans le même style, elle présente cependant des différences notables.

Lu Tong-pin ne nous apparaît plus ici sous l'aspect des grands législateurs de l'antiquité, tels que, d'après les textes, ils étaient représentés par les peintres, mais bien sous sa forme d'immortel, portant le long bâton, la besace et la gourde renfermant l'élixir de longue vie, ainsi que l'éventail magique qui pend à son poignet. Malgré qu'il soit vêtu de la même robe ample serrée à la ceinture par une cordelière bleue, il nous apparaît sous la forme légendaire et non plus, comme dans la peinture précédente, sous la forme historique.

D'autre part, si nous examinons la peinture au point de vue technique, à la place d'un trait ample et large, nous trouvons un trait mince, léger, qui décèle plutôt une époque postérieure et qui, par sa facture hésitante, fait penser à une copie ou à une interprétation d'après un modèle ancien.

Cette impression se fortifie si l'on compare les deux peintures plus étroitement encore. Les replis marquant la saillie du ventre sous le mouvement des étoffes sont les mêmes dans les deux peintures; la cordelière nouée autour de la ceinture est la même et comporte la même ordonnance: le geste des bras est différent, mais les jambes ont le même mouvement. Si les pieds sont chaussés de sandales de paille dans la seconde peinture, ils sont dans la même position que ceux du personnage du premier tableau; quant aux plis de la robe, ils sont exactement les mêmes. On compte un grand pli, suivi de trois autres, sur la jambe gauche; un grand pli, en arrière de la retombée centrale de la robe, sur le pied droit, et, si l'on regarde l'une des deux photographies par transparence, de manière à orienter le personnage représenté dans le même sens, la ressemblance devient frappante, on peut donc assurer avec certitude que l'une de ces peintures dérive étroitement de l'autre; elle en est une interprétation assez servile et, pour parler à la manière chinoise, une copie.

Cela ne veut point dire que la peinture de T'eng Tch'ang-yeou ait précisément servi de modèle à celle-ci. Elle peut dépendre elle-même d'un type traditionnel adopté sous les T'ang, répété avec des variantes plus ou moins accusées par divers peintres et dont la peinture que nous examinons ici dépendrait à son tour. Toujours est-il qu'une relation étroite s'établit de l'une à l'autre. La seconde interprète le type superbe de la première en y ajoutant des éléments légendaires plus tardifs. Par la nature du trait comme par les détails de la composition elle se situe donc à une époque postérieure. D'autre part, cette époque doit être assez rapprochée de l'époque des T'ang pour que le type régnant dans l'interprétation de Lu Tong-pin à ce moment ait été, malgré cette transformation, étroitement suivi. Cela concorde avec l'allure technique du trait qui rappelle des copies exécutées au temps des Song. Nous croyons donc qu'en attribuant à une période qui va du XIIIe au XIVe siècle et peut-être même au début du XVe la seconde représentation de Lu Tong-pin, nous tenons compte de tous les éléments qu'une

Oiseaux et fleurs. Peinture anonyme (IXe-Xe siècles).
Collection Petrucci. Répétition en couleurs de la PLANCHE VI.

Répétition en couleurs de la PLANCHE VI.

critique avisée peut retenir. En somme, nous nous trouvons en présence d'une réplique tardive et d'une interprétation légendaire du type établi à l'époque des T'ang.

3.

Enfin, s'ajoutant aux deux peintures précédentes, une troisième œuvre de l'époque des T'ang [1]) nous donne un exemple de ce qu'était l'art des *houa niao* 花鳥 (oiseaux et fleurs) au IXe et au Xe siècle.

La peinture est anonyme. Elle est accompagnée d'une notice qui dit: « Peinture des T'ang. Les peintres des Yuan ne savent pas peindre les herbes, les fleurs, les cailles, les papillons, les insectes et les plantes d'automne (comme ceci) [2]) ». — Il est difficile d'avoir une idée de la date à laquelle cette notice a été écrite et, par conséquent, de sa valeur intrinsèque. L'examen approfondi de l'œuvre en elle-même doit donc prendre la première place.

Elle est peinte sur ce papier épais, d'une consistance si spéciale, que la colle d'alun lustre d'une façon si particulière et que les experts chinois ou japonais attribuent à cette haute période. Les peintures rapportées de Touen-houang par la mission anglaise de Sir Aurel Stein ou la mission française de M. Pelliot nous en donnent des exemples sur lesquels peut se fonder d'autre part notre analyse. De plus la technique correspond exactement aussi à ce que nous en disent les livres.

Le sujet représente un couple de cailles au pied de plantes en fleurs autour desquelles volent des papillons et des insectes.

Les plantes sont dessinées à la méthode du *chouang keou* 雙鉤 ou du « double contour ». Cette méthode caractéristique de l'époque des T'ang consiste à dessiner le tronc d'un arbre, les profils d'une branche ou d'une feuille par deux traits opposés l'un à l'autre et se suivant parallèlement de la base au sommet. L'intervalle est alors rempli par la couleur et les détails repris au trait. On a ici un excellent exemple de cette ancienne technique où les traits de profil se trouvent fortement accusés. Les couleurs, d'autre part, comportent ce caractère âpre et violent qui est la caractéristique de l'école du Nord et que le développement du trait, à la fin des T'ang et au début des Song, rend encore plus accusé.

Ce caractère robuste, nous le retrouvons dans le dessin des oiseaux. Détaillant avec une observation précise qui fouille la forme jusqu'à son essence, dégageant une expression presque reptilienne dans la caille qui se rase contre le sol ou dans la tête de celle qui se redresse pour jeter son cri, analysant un pied de plantain comme le ferait Dürer ou Léonard, sculptant, plus qu'il ne peint, les mouches et les papillons volant çà et là, l'artiste inconnu qui a réalisé cette œuvre nous montre à quel art sain, vigoureux et magnifique pouvaient atteindre ces maîtres, précurseurs des grandes synthèses des Song. La couleur elle-même, avec les rouges des fleurs dominant sur les verts sombres, les

---

[1]) Collection R. Petrucci, n° 100 du Catalogue sommaire. V. *Planche VI*.
[2]) 唐畫。元人不知畫草花鵪蝶蟲類秋草類．

bruns et les noirs, accuse encore cette âpreté singulière. — Nous voyons ici dans quel sens s'était engagée la technique de l'école du Nord, depuis cette enluminure primitive dont les deux Li portent encore les traces jusqu'au moment où l'exploration savante des formes a poussé à l'extrême son analyse implacable. Ainsi le VIIIe siècle de Li Sseu-hiun et de Li Tchao-tao nous conduit à la fin du IXe ou au Xe siècle tel que nous l'apercevons dans cette œuvre. Même, si nous y joignons le portrait de T'eng Tch'ang-yeou, nous voyons qu'une tradition purement chinoise s'y est conservée et que, malgré la prédominance du bouddhisme à cette époque, l'art de la peinture restait, pour une partie tout au moins de son histoire, pleinement indépendant et maître de sa tradition.

II.
EPOQUE DES SONG.

Si nous avons eu la chance de grouper trois peintures qui pouvaient nous donner quelques précisions sur l'art de l'époque des T'ang, nous pouvons maintenant rassembler, pour l'époque des Song, des éléments et des pièces de comparaison dont l'importance n'échappera à personne. Nous avons devant nous, en effet, avec une œuvre de Ts'ouei Po 崔白 un exemple certain quoique fragmentaire de la réforme accomplie à la fin du XIe siècle par lui-même et par Wou Yuan-yu 吳元瑜. D'autre part une série de tableaux que nous serons en mesure de situer assez exactement entre 1064 et 1125 vont nous permettre de définir le style de cette époque. Ainsi donc, aux trois peintures où se révèle le style prédominant au IXe et au début du Xe siècle, nous pouvons en ajouter d'autres qui mettent en évidence certains caractères de la peinture du XIe et du début du XIIe.

1.

A l'exposition du Musée Cernuschi figurait une peinture de Ts'ouei Po[1] représentant une oie posée au bas d'un rocher, à demi cachée par une plante de pivoine. Sur un coin du tableau passent des branches de cerisier en fleurs. Ce que nous avons sous les yeux semble n'être qu'un fragment d'une œuvre plus importante. Des rouges au sulfure de mercure *tchou-cha* 朱砂 se sont décomposés en un oxyde métallique, tandis que les garances *yen-tche* 臙脂, employés pour relever le cœur des fleurs de cerisier, se sont assombris sans perdre néanmoins leur nuance rosée. Nous sommes exactement renseignés sur l'auteur de ce tableau. Ts'ouei Po 崔白, appellation Tseu-si 子西, était originaire de Hao-leang 濠梁 (vraisemblablement dans le Ngan-houei). Au début de la période hi-ning (1068—1077) l'empereur le fit concourir avec trois autres artistes pour peindre des éventails et il sortit vainqueur de cette épreuve. On attribue à son influence et à celle de Wou Yuan-yu 吳元瑜 la modification qui se produisit dans le style de l'époque des Song à la fin du onzième siècle.

Dans le *Chen tcheou kouo kouang tsi* (fascicule 4) une peinture de l'époque de Ts'ouei Po, dont la tonalité paraît rappeler celle de notre tableau, représente le lièvre de la lune.

Ts'ouei Po avait été l'inspirateur de Wou Yuan-yu, et celui-ci n'arriva à dégager une méthode personnelle qu'à travers la manière de son maître. Les livres nous disent que cette influence s'exerça d'une manière si puissante que même les peintres de l'Aca-

---

1) Collection V. Goloubew, n° 90 du Catalogue sommaire. V. *Planche VII*.

démie la subirent et se libérèrent de la tradition. En exprimant leur conception, dit le *Kie tseu yuan houa tchouan*, ils ont tout à coup purifié les mauvaises méthodes de leur époque et marché sur les traces des anciens [1]). L'examen de la peinture de Ts'ouei Po permet de préciser la signification de ces textes.

Si l'on se reporte au chapitre précédent, on verra comment s'était formée la tradition prédominant à l'époque des Song. L'œuvre de Li Tchao-tao nous montre le style de l'école du Nord au moment de sa constitution, mêlant encore le trait fin, souple et délié de la tradition antérieure à l'amour des enluminures violentes et des couleurs accusées provoquées par un sentiment nouveau. On voit ainsi l'art du VIIIe siècle se rattacher à l'art du Ve tel qu'il nous apparaît dans l'œuvre de Kou K'ai-tche; mais on voit aussi cette tradition, pleine de raffinements, d'élégances subtiles, de recherches lointaines, céder devant des besoins nouveaux. La Chine s'est refaite sur un autre plan; on ne se satisfait plus de la survivance des temps anciens, ni de la culture de l'époque des Han. L'empire a pris une vigueur nouvelle, une nouvelle société est née; des éléments barbares d'une part, des éléments sortis du peuple de l'autre ont constitué la classe dirigeante qui s'éprend de doctrines inattendues, qui se laisse conquérir par la prédication bouddhique et qui veut aussi un art dont les images plus accusées et plus brutales correspondent à sa mentalité. L'ancienne culture était assez vivante encore pour donner aux réalisations de cet art un caractère de grande noblesse; elle dégagea, au contact des peintures bouddhiques importées du Turkestan, des éléments qui venaient se mêler au courant nouveau et qui composaient cette conception autoritaire dont on a eu un exemple dans le Lu Toug-pin de T'eng Tch'ang-yeou. A travers ces mouvements divers, l'école fondée par les deux Li voyait évoluer sa technique. Au trait mince et léger de Li Tchao-tao s'en substitue un autre, vigoureux et puissant; il s'accompagne d'une recherche du dessin, d'une analyse de la forme pleine d'âpreté; il est la réalisation des tendances barbares en face des souplesses, des choses à demi dites, des nuances exquises de Wang Wei et du style du Sud. Il s'accuse de plus en plus jusqu'à donner des œuvres semblables à cette peinture anonyme que nous avons analysée en dernier lieu. On y voit la recherche ardente des formes se substituer aux synthèses de Kou K'ai-tche et de l'art de son époque; celles-ci sont accusées par un dessin analyste et sûr; les couleurs, enfin, sont violentes et presques brutales. C'est sous cet aspect que le style de l'école du Nord nous apparaît à l'époque des Song et, à ce moment, le monochrome aux tons évanescents de Wang Wei a fait place à des tendances où l'on sent l'influence d'une conception nouvelle. Le trait du pinceau devient plus accusé, une synthèse large et hardie se substitue à l'ancien style. Au moment où l'analyse presque brutale du Nord aboutissait à une tradition déjà lourde, il semble que ce soit dans le style du Sud qu'on en ait retiré tout le fruit.

La peinture de Ts'ouei Po constitue un témoignage de cet effort. La sobriété avec laquelle sont mesurées les couleurs, rares et légèrement posées; la prédominance générale d'un ton brun s'alliant aux teintes de l'encre de chine, coupé par places par des

---

1) 3e tsi, 3e kiuan, p. 3 v°.

blancs, des rouges ou des roses, tout cela nous montre que cette œuvre est traitée dans le style de l'Ecole du Sud.

D'autre part, on y voit un retour au trait souple et fin qui prédominait encore dans la peinture de Li Tchao-tao et dont l'origine remonte, au moins, jusqu'à Kou K'ai-tche. C'est donc par un rappel de l'ancienne technique antérieure aux influences apportées par le bouddhisme que Ts'ouei Po et Wou Yuan-yu accomplissaient, à la fin du XIe siècle, la réforme dont nous parlent les livres. Ils recouraient à une vieille tradition, purement chinoise, pour lutter contre ce goût de l'enluminure violente que des influences étrangères venues de l'Asie antérieure avaient apportées ; ce goût devait réapparaître plus tard, à l'époque des Yuan, lorsque la victoire des Mongols mêla à la vieille Chine des Song du Sud des éléments septentrionaux et, en grande partie, étrangers.

Cependant si le style de Ts'ouei Po s'inspire de la peinture chinoise du IVe et du Ve siècle, elle la modifie de manière à créer un style nouveau. Dans les hautes périodes, les peintres s'étaient attachés surtout à la représentation de la figure humaine. C'est au VIIIe siècle que se constitue la peinture de paysage et tandis que certains, à la suite de Wang Wei, l'exploraient au moyen des principes de perspective qu'il avait établis, d'autres, à la suite des deux Li, étudiaient le monde des formes au moyen de ce dessin analyste et sûr dont nous avons eu sous les yeux, avec la peinture anonyme des cailles, un excellent exemple. Ce travail devait aboutir à une nouvelle synthèse, à l'époque des Song. C'est précisément celle dont Ts'ouei Po est le précurseur.

Il est revenu, en effet, au trait souple de Kou K'ai-tche, mais il l'a modifié en y intégrant tout l'acquis des périodes postérieures. Si les formes sont détaillées, par exemple dans le plumage de l'oiseau, ou dans l'herbe qui couvre le rocher, elles n'ont plus le caractère accusé de l'Ecole du Nord, mais elles s'effacent, se noient dans l'ensemble, agissent autant par le ton que par le trait. De même les traits qui cernent les contours du tronc d'arbre retombant, attaché au rocher, ou ceux qui dessinent la tête de l'oie, ont, dans leurs pleins et leurs déliés, dans un accent brusquement accusé par places, le caractère du monochrome à l'encre de chine tel que Wang Wei et son école l'avaient constitué. On voit donc tout ce qui s'est ajouté à l'ancienne tradition, renouvelée par un maître. L'art, en possession de tous ses moyens, était prêt pour de nouvelles synthèses. C'est précisément la voie dans laquelle il va s'engager de la fin du XIe au XIVe siècle. Ainsi se détermineront les caractères propres à la peinture de l'époque des Song, et s'effacera devant une véritable Renaissance, la tradition minutieuse qui avait fini par enfermer le tempérament des artistes chinois dans une manière académique et glacée.

2.

Nous devons maintenant aller jusqu'au début du XIIe siècle pour trouver un tableau qui mérite d'être comparé à celui de Ts'ouei Po. Il ne lui est point supérieur en mérite artistique, mais il comporte des caractères qui montreront de quelle nature fut l'influence de ce grand réformateur et jusqu'où elle s'est étendue.

La peinture représente un faucon blanc[1]) perché sur un rocher des flancs duquel surgissent des branches de camelia de chine (*chan-tch'a* 山茶) en fleurs.

A droite on lit la poésie suivante:

«Son aspect brave se dresse, unique, et il émeut le plein automne[2]);
Déployant son énergie, il s'élève jusqu'à toucher le ciel, et, à sa fantaisie, il s'en [va au loin.
Ses ailes de fer voltigent jusqu'au delà de la voie lactée azurée;
Ses deux prunelles scintillent jusqu'à l'extrémité des nuages blancs.
Dans sa course qui franchit dix mille li, il a autant de vigueur que l'oiseau p'ong[3]).
Dans sa puissance qui triomphe de mille automnes[4]), toutes les longévités sont [accumulées.
La bonté impériale nous a favorisé de sa voix céleste et nous a laissé un produit [de son pinceau et de son encre.
Dans le monde quel bonheur n'est-ce pas qu'on puisse se transmettre une telle [œuvre!
Votre sujet Ts'ai King a inscrit ceci en se prosternant cent fois»[5]).

Ts'ai King 蔡京 qui vécut de 1046 à 1126 est un personnage historique bien connu[6]). Il fut le promoteur de la réaction qui, de 1102 à 1125, poursuivit les partisans de Sseu-ma Kouang et prétendit venger la mémoire de Wang Ngan-che; il est l'auteur de la fameuse inscription de 1104 qui proscrit nommément tous les hommes ayant joué un rôle pendant la période yuan-yeou (1086—1093)[7]); il fut le premier ministre de l'empereur Houei tsong, et c'est évidemment à celui-ci qu'il adresse sa poésie puisqu'il signe en disant «votre sujet»; d'autre part, dans l'intérieur même de la poésie, il affirme que le faucon dont il fait l'éloge est l'œuvre de l'empereur en personne. Nous avons donc ici une œuvre de Houei tsong et l'authenticité nous en est garantie par le très important autographe de Ts'ai King. A ce double point de vue cette pièce peut être considérée comme étant du plus haut intérêt.

---

1) Collection A. Stoclet, n° 65 du Catalogue sommaire. V. Planche VIII.
2) C'est surtout en automne que se fait la chasse avec le faucon.
3) L'oiseau mythologique dont la taille est gigantesque.
4) C'est-à-dire qu'il est capable de vivre plus de mille ans.
5)
雄風特立動高秋
奮志摩天恣遠游
鐵翮翩翔青漢外
雙眸炯爍白雲頭
程搏萬里鵬同銳
勢壓千秋壽盡收
恩沐天聲留翰墨
人間何幸得傳流
臣蔡京百拜題
6) Cf. Giles, Biog. Dict., n° 1971, et Pelliot dans B. E. F. E. O., juillet-sept. 1909, p. 425—427.
7) Voyez le texte de cette inscription dans le chapitre CXLIV du *Kiu che ts'ouei pien*.

Nous croyons pouvoir écarter l'hypothèse d'une copie : par la condition de la soie, par les caractères de l'exécution, enfin par le style calligraphique de l'inscription, la peinture paraît bien appartenir à l'époque des Song. Elle se présente donc avec des garanties qui nous permettent de voir en elle une œuvre authentique de l'empereur Houei tsong.

Celui-ci monta sur le trône en 1101. On sait que, la première année de son règne, il fonda la fameuse Académie de Peinture et de Calligraphie dont l'influence à l'époque des Ming devait devenir si pernicieuse à la liberté et à l'audacieuse fantaisie de l'Art chinois. Les textes sont nombreux qui traitent de Houei tsong en tant que peintre, mais nous ne possédions jusqu'à présent aucune œuvre certaine et d'après laquelle nous pussions nous faire une idée de son style et de sa valeur. Sur la foi de témoignages contemporains louant sa maîtrise dans la peinture des oiseaux et particulièrement des aigles et des faucons, une tradition s'est formée en Chine qui lui attribue sans hésitation tous les tableaux représentant des faucons ou des aigles et qui rappellent de près ou de loin la manière de l'époque des Song. Si bien qu'un aigle de Houei tsong est une des choses les plus communes qui soient, mais aussi une des choses qui inspirent à un critique avisé la défiance la plus justifiée. Nous avons ici la première peinture dont l'exécution puisse lui être attribuée avec certitude. Elle nous permet d'abord de répondre à ceux qui, entraînés par un scepticisme extrême, révoquaient en doute la valeur de Houei tsong comme peintre ; elle va nous permettre aussi de ramener à leur juste valeur les éloges parfois excessifs qu'a valus à l'artiste la personnalité de l'empereur.

Au point de vue technique, cette peinture s'apparente à l'œuvre de T'souei Po, précédemment analysée. Si l'on compare, par exemple, l'exécution des feuilles de la plante de pivoine et celle des feuilles de la plante de camélia, si l'on compare surtout le dessin des plumes de l'oie de Ts'ouei Po à celui des plumes du faucon de Houei tsong, on voit que la technique est la même. Cependant, à la liberté, à l'aisance, à la légèreté que décèle l'œuvre du premier, s'oppose un caractère habile, certes, mais sec et guindé dans l'œuvre du peintre impérial. On comprend alors le passage du *Kie tseu yuan houa tchouan* où il est dit, à propos de Ts'ouei Po et de Wou Yuan-yu, que même les peintres de l'Académie subirent leur influence et se libérèrent de la tradition.

Ils ne s'en libérèrent qu'en partie. La tradition leur léguait un dessin conduit par l'habileté et la précision jusqu'à la sécheresse. Ts'aï King a raison de parler, dans son éloge, des ailes de fer de l'oiseau dessiné par Houei tsong. Il y a, en effet, quelque chose de métallique dans la façon dont le corps est évoqué, plume par plume, avec un soin méticuleux. La technique n'est pas libre ; c'est celle d'un bon peintre, ce n'est pas celle d'un maître.

Il est facile de voir que, au point de vue de l'inspiration, Houei tsong dépend aussi dans une large mesure des grands artistes qui l'entouraient. La forme générale de l'oiseau évoque une idée de grandeur et de force qui ne saurait être méconnue. Le bec et l'œil du rapace donnent à la tête une expression de méchanceté accentuée encore par la souplesse que l'on devine dans ce corps robuste, vêtu de plumes rigides. La minutie de l'exécution n'arrive point à faire disparaître cet air d'audace et de fierté. Il n'est que plus singulier de le voir associé aux fleurs soigneusement peintes, avec une recherche du joli, un étalage complaisant d'habileté consistant à les représenter sous divers aspects: penchées, redressées, en boutons, à demi ouvertes. Ce sont presque deux peintures surajoutées l'une à l'autre, et l'on pourrait croire à une copie faite d'une juxtaposition de deux œuvres différentes si la même technique et la même main ne se retrouvaient dans le dessin détaillé, sec et froid du plumage de l'oiseau aussi bien que dans le traitement des feuilles et des fleurs.

Ceci nous montre donc que nous nous trouvons en présence d'une œuvre inspirée par des modèles suivis avec application et intelligence. Un maître eût fondu ces influences en un style propre; Houei tsong, empereur incapable et malheureux, fut un homme de goût, un érudit, un amoureux d'art et de culture: ce ne fut pas un grand maître et, sans aucun doute, le jugement artistique de l'homme valait mieux que ses réalisations.

Telles quelles cependant, elles sont loin d'être à dédaigner. La peinture analysée ici nous donne une idée précise de ce qu'était l'œuvre d'un bon peintre académique à l'époque des Song; elle nous révèle aussi les influences qui s'exerçaient à la fin du XIe et au début du XIIe siècle; elle constitue ainsi pour l'histoire de l'art un document des plus précieux.

3.

Nous pouvons passer maintenant à l'examen d'une série de peintures qui se rattachent étroitement à celles-ci. L'une d'elles[1]), du reste, peut être déterminée avec précision et il convient de s'en occuper tout d'abord.

La soie porte à droite, en haut, une inscription disant: « Sous la grande dynastie Song, le fou ma tou wei Wang Tsin-k'ing a peint cela » 大宋駙馬都尉王晉卿寫. Puis, «Tableau représentant celui qui dort et celui qui mange» 宿食圖. Ce titre explique l'attitude des deux aigles formant le sujet de la peinture; tous deux sont posés sur le tronc d'un vieux pin autour duquel s'enroulent des lianes. L'aigle du bas, perché sur une patte, tenant probablement dans l'autre, levée et cachée par le corps, quelque proie, se retourne dans un mouvement à la fois fier et féroce. Au-dessus, «celui qui dort» s'est tassé en gonflant ses plumes, le cou replié, la tête posant sur le jabot; il ferme à demi les yeux dans l'attitude caractéristique du rapace repu.

L'auteur de cette peinture est, d'après l'inscription, le peintre Wang Chen 王詵 appellation Tsin-k'ing 晉卿. Il vivait sous la dynastie des Song du Nord. Il est né à K'ai-fong 開封 ou K'ai-fong fou, chef-lieu principal de la province de Ho-nan. Il épousa une fille de l'empereur Ying-tsong 英宗 dont le règne va de 1064 à 1067. Il porta le titre militaire de fou ma tou wei. Il avait, disent les livres, un style propre, entre l'antique et le moderne. Pour ses paysages, il s'inspirait de Li Sseu-hiun.

---

[1]) Collection de M. V. Goloubew, n° 55 du Catalogue sommaire. V. *Planche IX*.

« Celui qui dort et celui qui mange ».
Aigles, par Wang Tsin-k'ing (xie siècle).
Collection V. Goloubew.   Répétition en couleurs de la PLANCHE IX.

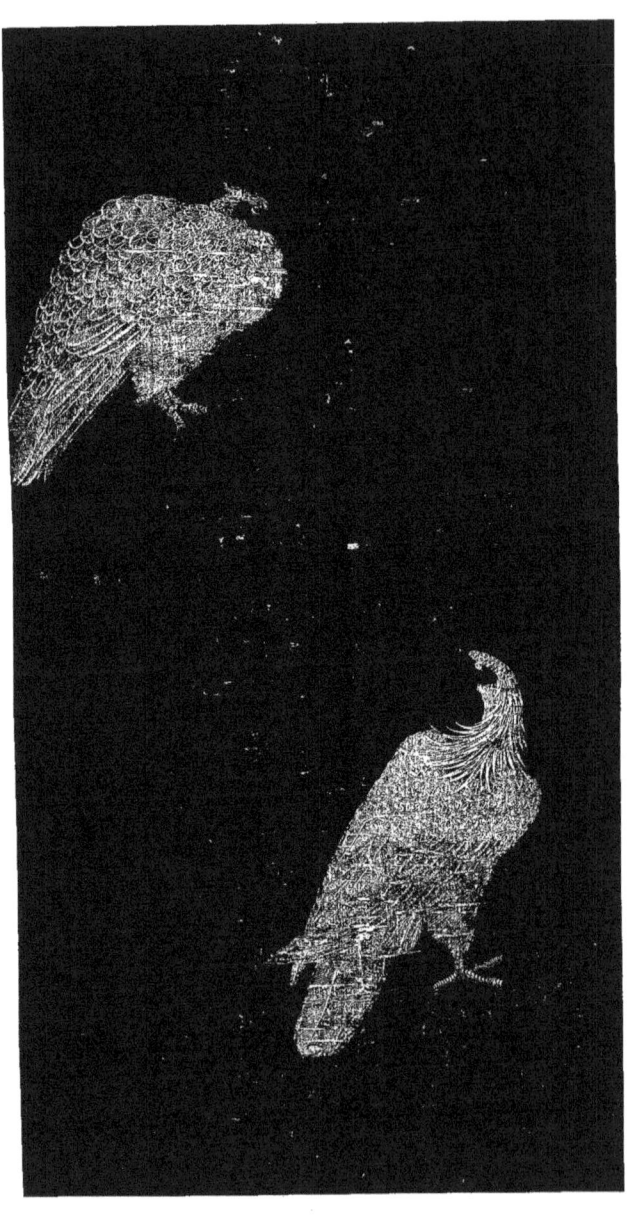

Répétition en couleurs de la PLANCHE IX.

Pour ses peintures de bambous à l'encre, de Wen T'ong 文同. Il peignit des oiseaux et il est célèbre pour ses représentations d'oies sauvages dans les roseaux ¹).

Que l'inscription apposée sur la peinture soit ou non un autographe de Wang Chen, il est certain qu'elle est ancienne. D'autre part l'état de la soie aussi bien que le style de la peinture confirment les indications retirées de l'inscription. Nous pouvons donc conclure que nous nous trouvons en présence d'une œuvre de Wang Chen et qu'elle remonte à la fin du XIᵉ siècle.

Si l'on compare cette peinture à celle de Houei tsong, on voit que la technique, dans le traitement des plumes des oiseaux, est la même; mais ici elle a toute cette souplesse et cette maîtrise que l'on trouve aussi dans l'œuvre de Ts'ouei Po. A la froide image du faucon impérial s'opposent l'aisance, la liberté et la vie des aigles de Wang Chen.

Ce caractère se poursuit du reste dans la partie accessoire de la composition. L'arbre, traité à peu près exclusivement à l'encre de chine, déploie un tronc vétuste et vigoureux encore, chargé de lianes, rongé de mousses. Le pinceau a pris une souplesse nouvelle sans rien perdre de sa vigueur pour évoquer ce témoin solitaire d'une scène sauvage. On devine les racines accrochées à quelque rocher à pic dans un désert montagneux dont la désolation s'évoque sans efforts.

L'œuvre de Wang Chen se rattache à celle de Ts'ouei Po par les éléments de sa technique, mais elle nous apparaît avec un caractère de grandeur et de puissance qui dénonce une inspiration différente et qui s'éloigne de son raffinement subtil.

4.

Une autre série de peintures vient se grouper autour de celles que nous venons d'étudier. Deux d'entre elles, représentant l'une un faucon, l'autre un aigle ²), ont été, sur la foi de la tradition, attribuées à Houei tsong. Toutes deux cependant présentent un caractère qui semble trop proche de l'influence des T'ang pour pouvoir être attribuées à la main impériale. D'autre part, leur technique, plus voisine de celle de Ts'ouei Po et de Wang Chen que de celle de Houei tsong, nous permet de les considérer comme l'œuvre d'un véritable maître.

La soie sur laquelle ces deux peintures sont exécutées est une soie à forte trame que les critiques chinois considèrent comme caractéristique de l'époque des T'ang du Sud. D'après les livres, Siu Hi 徐熙 (Xᵉ siècle) employait encore presque exclusivement des soies de cette qualité. Ce serait donc une raison de situer ces peintures au début

---

1) Le *Yo siue leou chou houa lou* (chap. I, p. 40 r° et suiv.), qui se trouve à la bibliothèque Doucet, parle d'une œuvre de lui représentant les nuages d'automnes dans les 10.000 gorges de montagnes. On trouve des mentions de ce peintre dans: le chapitre CCLV, p. 11 v°, du *Song che*; le *Siuan ho houa p'ou* 宣和畫譜; le *Houa ki* 畫繼; le *T'ou houei pao kien* 圖繪寶鑑; le *Houa che houei yao* 畫史會要; le *Tao k'ing tsi* 道卿集; le *Li tai houa che houei tchouan* (chap. XXVII, p. 5 v°). — Il ne faut pas confondre cet artiste avec le personnage appelé Wang Tsin-k'ing 王晉卿 qui vécut de 907 à 973 et qui fut connu par ses exploits militaires (cf. *Song che*, chap. CCLXXI, p. 5 r°—v°).

2) Collection R. Petrucci, nᵒˢ 63 et 134 du Catalogue sommaire. V. *Planches X et XI*.

de la dynastie des Song, vers le XIe siècle. Si on les étudie de plus près, des considérations d'ordre purement esthétique viennent confirmer ce point de vue.

Le faucon blanc dressé sur un perchoir rouge a cette attitude hiératique, ce caractère étudié et précis de ce que, sous les Song, on appelait le style antique. La tête, avec son dessin brutal, a quelque chose de véritablement diabolique, et le plumage dessiné minutieusement, mais sans sécheresse, peut nous donner une idée de ce qu'était cette technique à laquelle se rattache encore dans une certaine mesure Wang Chen et que Ts'ouei Po devait réformer.

L'aigle blanc est d'un art si proche de la peinture précédente que l'on est porté à y voir la même main. Il est inutile d'insister sur le caractère véritablement impérial de l'oiseau dont la forme robuste est pleine, malgré le repos, d'autorité et de violence. Le caractère féroce du rapace est aussi défini sans ménagements dans la tête où le regard aigu met une expression plus accusée encore. Les ailes se replient, les pattes s'agrippent de manière à évoquer une vigueur singulière. Le plumage traité dans la manière que nous avons caractérisée plus haut a, malheureusement, été abimé par places sous l'action de l'humidité. — En haut, un grand cachet rouge portant les caractères 大宋廣運之寶 nous montre que cette peinture a fait partie des collections impériales des Song [1]. Par sa valeur esthétique, elle était digne d'y figurer et si nous n'avons aucune indication précise permettant de l'attribuer à un peintre déterminé, au moins pouvons-nous retirer de cette constatation une certitude quant à sa valeur artistique aux yeux des amateurs chinois. On constate dans ces deux peintures l'affirmation d'un style vigoureux sur lequel se marque assez puissamment l'influence de l'art des T'ang; on pourrait donc être tenté de les reporter à une période légèrement antérieure à celle de Ts'ouei Po et de Wang Chen. Nous croyons cependant plus prudent, dans l'état actuel de nos connaissances, de les grouper autour des œuvres datées dont elles se rapprochent et de les considérer comme appartenant à une période qui comprend les dernières années du XIe siècle.

5.

A cette même période nous croyons pouvoir rattacher une peinture anonyme dont la valeur artistique est considérable [2]. Elle représente deux cygnes posés au bord d'un étang où fleurissent des lotus. Ici encore nous trouvons, dans le dessin détaillé des oiseaux, une influence de cet art qui caractérise la fin de l'époque des T'ang et la première partie de l'époque des Song. L'un des oiseaux se dresse, de profil, dans une allure autoritaire tandis que l'autre, le cou replié, fouille ses plumes de son bec. Tous deux ont ce caractère grandiose et sauvage sur lequel nous avons insisté à propos des œuvres précédentes. Quant aux fleurs, elles composent un fond admirable à ces formes énergiques. Les pétales, gonflés d'eau, ont le caractère solide et presque sculptural avec lequel on a traité le lotus à cette époque. La pointe des pétales blanc a été relevée

---

[1] Dans ses *Mélanges sur l'Administration* (p. 61) le p. Houang indique que le sceau Kouang yun tche pao était encore employé par la dynastie mandchoue comme sceau du trésor privé de l'empereur.
[2] Collection de M. le vicomte de Sartiges, n° 71 du Catalogue sommaire. V. *Planche XII*.

d'un peu de *yen-tche* 臙脂 dont la teinte est presque entièrement rongée. Sans doute les feuilles ont été effacées par le temps et, dans la magie avec laquelle fleurs et oiseaux s'enlèvent sur ce fond sombre, l'action des siècles a joué son rôle; mais il est certain que ce caractère volontaire, à la fois sobre et somptueux, était déjà marqué sur cette œuvre au moment où elle fut exécutée. On regrette de ne pouvoir mettre un nom sur une peinture semblable. Il nous semble qu'en la considérant comme appartenant aussi à la fin du XIe ou au début du XIIe siècle nous ne nous aventurons pas au delà de la réserve imposée par l'ignorance dans laquelle nous laisse l'absence de toute inscription.

Il faut enfin rattacher à cet ensemble une admirable peinture de la collection H. Vever [1]). Elle représente un couple de canards mandarins sous un bouquet de lotus. On sait que le canard mandarin est un symbole de la fidélité conjugale en Chine. On peut donc voir, dans ce tableau, une allégorie. Mais c'est par son vigoureux sentiment de la nature qu'il émeut profondément. La vigueur des tiges de lotus, le développement somptueux des feuilles, la force et la richesse des fleurs sont au-dessus de tout éloge. La composition comporte un caractère de puissance et de raffinement extrême dans l'habileté avec laquelle les feuilles retournées, ou à demi-repliées, ou largement étalées équilibrent les masses florales. Les bords des pétales sont relevés au moyen d'un rouge *tchou-cha* et non au moyen du *yen-tche* comme dans la peinture précédente. Cela dénonce une technique différente qui, par la valeur du trait et la puissante synthèse des formes, nous rapproche de l'époque des Yuan et du renouveau d'influence du style de l'école du Nord à la fin du XIIe et au XIIIe siècle [2]).

6.

Parmi les peintures que nous pouvons déterminer avec certitude comme appartenant à l'époque des Song figuraient deux fragments d'un rouleau de portraits accompagnés de notices biographiques, l'un appartenant à la Société chinoise Leyer, l'autre provenant de la collection de M. Victor Goloubew [3]). Le premier de ces fragments comportait deux portraits [4]).

A droite du premier portrait on lit:

周 濂 溪 先 生 像
Portrait de maître Tcheou Lien-k'i.

---

1) N° 8 du Catalogue sommaire. V. *Planche XIII*.
2) On voyait figurer à l'exposition du Musée Cernuschi deux peintures de la collection de M. Bousase-Lebel (n°s 39 et 40 du Catalogue sommaire), achetées par lui à la vente du fonds d'objets d'art du temple Higashi Hongwanji à Kyoto en juin 1909. V. *Planche XIV*. — Un certificat de Kano Tishen attribue ces peintures à Li Ti 李 迪 peintre chinois des XIe—XIIe siècles. — Il convient de tenir le plus grand compte de l'expertise des Kano qui connurent parfaitement l'évolution de la peinture chinoise et qui furent des mieux placés pour la juger en connaissance de cause puisque les pièces de premier ordre étaient abondantes dans leur collection familiale. Certains éléments dans la facture des rochers et des plantes tendent du reste à faire admettre cette attribution. D'autre part, le traitement des fleurs nous paraît évoquer une technique plus tardive. Nous ne sommes pas assez documentés sur la manière de Li Ti pour pouvoir émettre un avis certain. Il nous a donc paru préférable de réserver la question et de nous en tenir seulement aux peintures qui pouvaient constituer des pièces de comparaison pour la détermination.
3) N°s 128 et 37 du Catalogue sommaire.
4) V. *Planche XV*.

A gauche de la figure de Tcheou Lien k'i on a reproduit le texte d'un édit impérial ainsi conçu:

«Édit impérial adressé à Tcheou Touen-yi, ayant le titre de *lang* dans l'intendance de la maison impériale.

Pour les chasses de printemps et pour les chasses d'automne il y a des époques fixes, de même que, pour les marais et les barrages, il y a des prohibitions; la fonction de l'intendant des eaux et forêts est celle qui procure à la foule des êtres leur libre développement et qui les aide à se produire et à croître. Toutes les règles et les ordonnances rendues par le président (de cette administration) dépendent de vos capacités; songez à bien vous conformer à ce qui est avantageux pour les oiseaux et les quadrupèdes, pour les herbes et pour les arbres, afin de répondre à ma volonté impériale d'être bon pour les hommes et pour tous les êtres. Appliquez donc votre esprit avec zèle et respectez éternellement ce mandat excellent. Quand vous aurez reçu cet édit, allez à votre poste en vous conformant au brevet ci-dessus.

Mis à exécution.

Édit rendu le dixième jour du huitième mois de la troisième année hi-ning (16 Septembre 1070)».

A gauche de ce texte on lit les mots: 丞相周益公像.
«Portrait du grand conseiller Tcheou Yi-kong».
Ils sont relatifs au second personnage représenté sur le rouleau.

A l'extrémité de gauche on lit cinq mots qui signifient:
«Inscrit sur les deux piliers de la famille Tcheou».

Ce titre se rapporte vraisemblablement à un texte qui se trouvait plus à gauche et qui reproduisait l'inscription gravée sur les piliers placés devant la sépulture de la famille Tcheou.

Tcheou Touen-yi (1017—1073) est aussi connu sous le surnom de: «le maître de Lien-k'i», parce qu'il avait nommé Lien-k'i son ermitage de la montagne Lou, en souvenir de la rivière qui passait près de son lieu de naissance; ce philosophe, que les penseurs de l'époque des Song reconnaissent pour leur maître, est surtout célèbre par son tableau schématique de la cosmogonie appelé T'ai ki t'ou[1].

En ce qui concerne le personnage appelé Tcheou Yi-kong, le terme Yi-kong est vraisemblablement un nom posthume.

Enfin le fragment appartenant à M. V. Goloubew représente un personnage en costume officiel tenant en main la tablette hou 笏 dont on faisait usage au moment des audiences impériales[2]. Nous apprenons par une ligne d'écriture placée à gauche que c'est

---

1) Voyez G. von der Gabelentz 太極圖 *T'ai kih thu des Tscheu tsi* (Dresden 1876). — Rev. Mac Clatchie, *Tost of Chow Tsin-le* (dans Chinese Recorder), vol. VII, 1876, p. 207—210. — Chalmers, *Confucian Cosmogony* dans China Review, vol. III, p. 342—354. — La biographie de Tcheou Lien-k'i se trouve dans le chap. 427 du *Song che*.
2) V. Planche XVI.

là le portrait du «vénérable Sou qui a eu sous les Song le titre de p'ou-ye de droite et qui a reçu les titres posthumes de sseu-k'ong et de duc du royaume de Wei» 宋右僕射贈司空魏國蘇公.

Sou Song 蘇頌 fut un homme politique important qui vécut de 1020 à 1101; on trouvera sa biographie dans le chapitre CCCXC du *Song che*.

A droite du portrait on lit d'abord le nom et les titres de ce haut fonctionnaire: «Sou Song, ayant eu sous les Song le titre de p'ou-ye de droite et ayant reçu les titres posthumes de sseu-k'ong et de duc du royaume de Wei».

Puis vient une pièce en vers qui est intitulée:
«Eloge fait par Kao Hou-wen, le vingt-cinquième jour du premier mois d'hiver de l'année kia-tseu de la période kia-t'ai (18 Octobre 1204)».

Voici cet éloge:

«La vertu du duc de Wei était comme les tablettes kouei et tchang [1]);
La science du duc de Wei avait une source profonde et un cours prolongé;
Le style du duc de Wei repolissait ses périodes;
La calligraphie du duc de Wei était comme des échalotes d'or avec des pendeloques sonores en pierre précieuse [2]);
Les descendants du duc de Wei sont éminents et célèbres;
La biographie du duc de Wei est brillante et belle.
Quand on observe l'élégance de sa manière d'écrire, on reconnaît que le duc était pur et grave;
J'engage les descendants du duc à étudier (les écrits du) duc sans y manquer».

Après cet éloge on lit des avertissements qui ont dû être primitivement gravés sur pierre ou sur bronze et qui ont été composés par le grand conseiller, c'est-à-dire par Sou Song lui-même, à l'usage de ses descendants; voici ce texte:

«Avertissements du grand conseiller gravés sur une stèle:
Je considère que la famille Sou s'est formée aux fonctions publiques par la doctrine des lettrés.
Que laisserai-je à mes descendants si ce n'est cette phrase écrite?
Si on n'étudie pas, à quoi arrivera-t-on? Si on n'écrit pas, comment s'exercera-t-on?
Si, en définitive, on ne se relâche point, on pourra égaler les saints et les sages».

---

1) Deux sortes de tablettes rituelles.

2) 金薤琳琅. Cette phrase est tirée d'une poésie de Han Yu 韓愈 (768—824) qui, parlant des œuvres de Li Po 李白 et de Tou Fou 杜甫, dit: «Les milliers et les myriades de pièces qu'ils composèrent pendant leur vie sont comme des échalotes d'or d'où pendent des pendeloques sonores en pierre précieuse» 平生千萬篇金薤垂琳琅 (cf. *Ts'iuan T'ang che*, éd. lithogr., chap. XII, p. 7 r°). Quelque bizarre que puisse nous paraître cette métaphore, elle a fait fortune en Chine; on sait qu'il existe un traité d'épigraphie publié à l'époque des Ming par Tou Mou 都穆 sous le titre de *Kin hie lin lang* 金薤琳琅.

On voit donc qu'il s'agit ici de trois portraits de personnages, à savoir Tcheou Touen-yi, Tcheou Yi-kong et Sou Song, vivant au XIe siècle et au début du XIIe. D'autre part, la pièce en vers sur papier gris, datée de 1204 et ajoutée au dernier portrait, semble bien établir que ce portrait tout au moins fut peint avant l'année 1204. Nous pouvons par conséquent considérer ce groupe de peintures comme ayant été exécuté au XIIe siècle. Nous avons ainsi un exemple de ce qu'était la peinture de portrait à cette époque. Il sera utile de l'étudier avec soin.

Tout d'abord nous pouvons dire que ces peintures ne constituent pas des originaux, mais des copies faites d'après des portraits de grandeurs différentes et rassemblés de manière à former un album. Il est probable que chacun de ces trois personnages était représenté en corps dans la peinture originale et que la réduction des copies au buste a été causée par la nécessité de les rassembler dans une sorte d'album de famille.

Le supplément au *Kie tseu yuan houa tchouan*[1]) de Li Yu 李漁 publié en 1818 et repris par Tch'ao Hiun 巢勳 en 1888 nous donne des renseignements précis à cet égard. Il codifie les règles relatives à la peinture de portrait. Par les nombreux fragments d'auteurs anciens que Tch'ao Hiun y a rassemblés, il est facile de se rendre compte que cette codification tardive ne fait que reprendre et classer des règles et des procédés exposés déjà, depuis l'époque des T'ang jusqu'à celle des Ts'ing. Par conséquent, lorsque le supplément de Tch'ao Hiun nous parle de « *La Méthode de copier les images* », il ne fait que nous révéler un procédé fort ancien de reproduction.

« Dans les familles, dit le texte chinois, on a souvent beaucoup d'anciennes peintures[2]); on veut souvent les réunir en un rouleau 軸. Elles datent ou bien de une ou deux générations, ou bien de trois ou de cinq générations; parmi [ces peintures] il y en a de grandes et de petites. Pour les grandes, on les diminue; pour les petites, on les agrandit. Il faut le faire avec la même méthode ». Le texte expose alors en quoi consiste cette méthode. On divise la surface du tableau qui va recevoir la copie en quatre parties égales par deux lignes, l'une verticale, l'autre horizontale, perpendiculaires entre elles au point central. On constitue ainsi les deux ordonnées auxquelles on va ramener les divers points de repère. On fait ensuite, avec du papier, une règle formée de deux lignes perpendiculaires sur laquelle on reporte les mesures prises sur la peinture originale en les réduisant à l'échelle adoptée pour la copie. Il suffit alors d'élever une perpendiculaire sur chacun des points correspondants des ordonnées pour que l'intersection de ces perpendiculaires donne la position du point correspondant du tableau original. On établit donc ainsi une règle de réduction; en multipliant les points de repère, on arrive à pouvoir dessiner à main levée les traits de la figure représentée dans le tableau original. En somme il s'agit ici d'un procédé analogue à celui de la mise au carreau tel que l'emploient nos peintres pour agrandir ou réduire une esquisse ou un tableau.

---

[1]) Ce livre se trouve à la bibliothèque d'Art et d'Archéologie fondée par M. Doucet à Paris. Voir R. Petrucci, le *Kie tseu yuan houa tchouan* traduit et commenté. Introduction générale. *T'oung-pao*, vol. XIII (1912), p. 46, n. 1 et note p. 317–319.

[2]) Ce terme s'applique ici exclusivement aux peintures de portraits, le livre ne s'occupant du reste pas d'autre chose.

Les conditions dans lesquelles se présentent à nous ces deux fragments d'un même *tcheou* 軸 nous montrent que nous avons sous les yeux les débris d'un album sur lequel se trouvaient reproduits des portraits de personnages intéressant à des titres divers la famille à l'intervention de laquelle le *tcheou* a été établi. Il en résulte que nous avons devant nous trois copies, fort probablement réduites, d'originaux du XIe ou du XIIe siècle. Telles quelles, elles vont nous permettre de dégager certains caractères de la peinture de portrait sous la dynastie des Song.

Il est facile de voir que ces trois peintures sont loin d'évoquer des originaux exécutés tous trois par la même main. Les deux figures de la partie du *tcheou* appartenant à la Société Leyer ont, malgré une grande vivacité d'expression, un caractère assez sec. La peinture du fragment appartenant à M. V. Goloubew a cette même vivacité dans l'expression, mais avec un dessin à la fois plus sûr et plus large. Les mains, gauchement traitées, laissent seules entrevoir le copiste; l'ensemble de la figure est superbe; le vêtement rouge aux manches bordées de noir est d'un ton à la fois riche et sobre. La vie du regard, la bouche plissée dans un sourire ironique, tout évoque le reflet d'une œuvre exceptionnelle. On y sent ce mélange d'abstraction synthétique et de réalisme qui caractérise tout l'art des Song.

Pour en saisir nettement le caractère, il convient de rapprocher de ces peintures un petit portrait qui figurait à l'Exposition du Musée Cernuschi [1]. D'après une note de M. H. Rivière, ce portrait est le seul fragment survivant d'une composition importante. «Cette tête était recollée sur un *tcheou* chinois moderne. La vieille peinture étant probablement abîmée, on l'avait recopiée tant bien que mal (plutôt mal que bien), mais le personnage principal étant moins avarié que les autres, avait été découpé dans la vieille peinture et recollé à sa place dans la moderne. Cette peinture représentait en haut, au-dessus de quelques montagnes, une divinité assise dans un temple parmi les nuages, avec quelques génies volant autour d'elle. Au milieu le prêtre surmonté de l'inscription: « *Où les fleurs pleuvent* ». Il était entouré de deux saints personnages, l'un tenant la queue de bœuf, l'autre un long bâton. Le prêtre tenant un sceptre était assis devant une petite table à offrandes. En dessous, agenouillés et joignant les mains, quatre personnages et un enfant dans l'attitude de la prière avec cette inscription en bas: « L'étang des lotus aux neuf degrés, de l'occident». Il est fâcheux que la divinité figurée au haut de cette peinture n'ait pas été décrite de manière à ce que ses attributs ou son costume permettent de la définir avec précision. Cependant, des indications générales de cette note, il semble qu'il s'agisse d'Amitābha et que l'ensemble évoque le paradis d'Occident, au sein duquel est représenté quelque moine canonisé. Dans ce cas, l'effigie du saint prend le caractère d'un véritable portrait.

C'est bien d'un portrait qu'il s'agit ici. Il est de beaucoup supérieur à ceux que nous venons d'examiner et l'on ne peut hésiter à dire qu'il constitue une œuvre de premier ordre. Le dessin en est précis et sûr; la physionomie est analysée avec un sens profond de la vie; les yeux sont relevés d'un trait noir qui leur donne une expression

---

[1] Collection de M. Henri Rivière, n° 82 du Catalogue sommaire. V. *Planche XVII*.

extraordinaire et, dans l'acuité singulière du regard, on sent revivre toute cette tradition de la vieille peinture chinoise qui y voyait un reflet direct de l'âme, une valeur mystérieuse et magique.

On est fort embarrassé pour dater ce portrait d'une façon certaine. Le trait en est souple et fin, il a tous les caractères de l'époque des Song, tels que nous les voyons se perpétuer à l'époque des Yuan; mais, d'autre part, son allure générale et son réalisme l'écartent sensiblement des œuvres que nous venons d'examiner.

Comme on l'a vu, celles-ci ne sont que des répliques et cela force à certaines réserves relativement à leur valeur comme pièces de comparaison. Ce n'est donc qu'avec prudence que nous nous aventurons à attribuer le portrait de la collection Rivière à une période qui peut aller de la fin de l'époque des Song au début de la période des Ming. Il nous semble, en tout cas, qu'il constitue un chaînon de cette longue ligne d'évolution dans la peinture de figure qui va de l'époque des T'ang à celle des Ming. On voit poindre ici certains caractères d'un réalisme qui caractérise la peinture de portrait sous les Ming; cette œuvre nous les révèle, mêlés encore aux traditions des époques antérieures; on peut donc la considérer comme un témoin de cette transition.

7.

L'époque des Song a vu d'autre part la constitution d'une école dont l'influence a été considérable, durant toute l'évolution postérieure, aussi bien en Chine qu'en Corée ou au Japon. C'est l'école des Ma à la tête de laquelle se placent Ma Yuan 馬遠 et son frère Ma Kouei 馬貴. Leurs œuvres sont rares et elles faisaient défaut à l'exposition du Musée Cernuschi. Mais on y voyait figurer une œuvre du fils de Ma Yuan, Ma Lin 馬麟 [1]). La date de la mort de Ma Lin est incertaine, mais il est classé, par les livres chinois, parmi les peintres des Song et, si même il est mort dans les premières années de la dynastie des Yuan, son œuvre appartient tout entière à l'époque que nous étudions ici. Il formera un trait d'union tout indiqué entre les maîtres des Song proprement dits et les premiers maîtres des Yuan: Ts'ien Siuan et Tchao Mong-fou. Voici la description de l'œuvre attribuée à Ma Lin:

Au bord d'un lac dont le fond est fermé, sur la gauche, par un haut pic de montagne perdu dans la vapeur et qui se devine à peine, se dresse un arbre dont les feuilles sont emportées par le vent d'automne; des oiseaux volent en troupe; sur une barque, un lettré solitaire médite, accompagné de son assistant.

Un moine bouddhique a exprimé les sentiments que ce paysage mélancolique lui inspirait dans une poésie qu'il a inscrite en haut du tableau:

Ligne 1: 葉 落 空 林 雨 後 風
Ligne 2: 群 烏 飛 散 夕 陽 中
Ligne 3: 心 自 混 融 無 彼 此
Ligne 4: 到 頭 何 須 蜜 施 忡

[1]) Collection de M. R. Petrucci, n° 125 du Catalogue sommaire. V. Planche XVIII.

« Les feuilles tombent dans la forêt dépouillée, sous le souffle du vent qui suit la pluie; — une troupe de corneilles s'envole et se disperse dans le soleil couchant; — pour le cœur qui possède l'harmonie où tout se confond, il n'y a plus la distinction de ceci et de cela; — pourquoi faut-il cependant que secrètement il conçoive de la tristesse ? »

Le sens paraît être celui-ci: Un bouddhiste ne devrait mettre aucune différence entre les aspects de la nature puisque tous sont pour lui également illusoires; comment se fait-il cependant qu'il éprouve involontairement de la tristesse en présence d'un paysage d'automne?

L'auteur de cette poésie signe de la manière suivante: «Eloge fait par le vieux bhikṣu Che-lin, chef du temple Tsing-ts'eu 淨慈, le huitième jour du troisième mois de l'année ping-yin» 丙寅三月八日淨慈住山老比丘石林贊.

Le temple Tsing-ts'eu [1]), qui est ainsi nommé depuis l'année 1149, se trouve sur les bords du lac Si-hou 西湖, près de Hang-tcheou. Il est donc probable que c'est le lac Si-hou lui-même qui est représenté sur cette peinture. L'auteur du tableau n'a pas signé son œuvre.

On pourrait songer à l'attribuer au moine Che-lin, auteur de la poésie calligraphiée sur la peinture. Mais celle-ci provient des collections de la famille des Kano et elle est accompagnée d'un certificat de Kano Tan-sin 探信 qui, par sa calligraphie comme par son cachet, comporte tous les caractères de l'authenticité. Elle est attribuée au fameux Ma Lin 馬麟, fils de Ma Yuan. Il vécut au XIIIe siècle et peut-être au commencement du XIVe.

Ceci montre donc que, au XVIIe siècle, Kano Tan-sin, l'un des experts les plus réputés du Japon, considérait cette peinture comme devant être attribuée à Ma Lin. Ces expertises des Kano méritent, nous l'avons dit déjà, la plus grande attention, car ce fut une tradition, en effet, depuis Kano Motonobu, dans cette famille, que d'étudier la peinture chinoise, inspiratrice de la manière de l'école. Les Kano avaient formé une collection de peintures qui, à cet égard, leur fournissait les pièces de comparaison les plus certaines. D'autre part, la peinture de Ma Lin est d'un caractère très particulier. Si l'on rapproche l'œuvre que nous avons sous les yeux des peintures de ce maître qui se trouvent au Japon et qui ont été publiées par les soins du Shimbi-shoin ou des Kokka, on y reconnaît la même technique. C'est un métier impressionniste et subtil où l'instant, dans la vie du paysage, est évoqué avec une acuité singulière. La méthode dominante est celle de l'école du Sud et du monochrome. Le feuillage frémissant de l'arbre est exprimé par des coups de pinceau légers et répétés qui valent une signature; il se noie dans une vapeur légère et mélancolique; les formes sont réduites à l'essentiel, pleines de vie, cependant. Il y a là le sentiment profond du paysage, tel que le comprit l'époque des Song et l'évocation de ce rêve lointain dans lequel surgissait aux yeux de ces maîtres une nature indistincte, où palpitait le sens du divin.

---

1) Cf. *Si hou tche*, chap. X, p. 17 et suiv.

III.
EPOQUE DES YUAN.

On comprendra les causes de l'indétermination dans laquelle nous sommes restés à la fin du chapitre précédent si l'on examine maintenant les caractéristiques de l'époque des Yuan. C'est essentiellement une époque intermédiaire. Elle va de la fin du XIIIe siècle à la fin du XIVe. Elle couvre donc un espace de temps trop restreint pour former elle-même autre chose qu'une transition. Cependant, dans ce caractère transitoire, des éléments particuliers se manifestent qui lui donnent un aspect bien particulier. Au début, la dynastie mongole ne fait qu'hériter des mouvements qui s'étaient manifestés sous les Song. Les derniers maîtres de cette grande période, même lorsque, par fidélité pour l'ancienne dynastie, ils abandonnent toute charge officielle, n'en continuent pas moins à produire. Si un changement politique s'est accompli, il ne retentit pas encore sur les traditions de l'art chinois. En réalité, les derniers maîtres de la dynastie des Song, vivants encore au début de la dynastie des Yuan, n'appartiennent à celle-ci que par la date de leur mort, non point par leur caractère ni par leur style.

Cependant, on ne peut méconnaître que la prédominance de la dynastie mongole n'apporte des éléments nouveaux. Le style de l'Ecole du Nord, sous la dynastie précédente, avait été ou bien abandonné, ou bien profondément transformé. Des peintres comme Ma Yuan 馬遠 ou son frère Ma Kouei 馬貴 avaient mêlé, à la rudesse et à la grandeur de la manière septentrionale, le sens d'évocation et de synthèse de l'école du Sud. La tendance à ne plus voir la forme que par des abstractions puissantes, dans son principe essentiel, avait fait abandonner l'usage de la couleur saturée et violente. Il reprend sous les Mongols. Ceux-ci ne pouvaient rien comprendre aux subtilités de l'Académie, ils n'avaient point la culture et le raffinement dont l'art des Song était le reflet profond. Ils pouvaient admirer de confiance; mais il ne fallait point leur en demander davantage. Du reste, ils amenaient avec eux des éléments nouveaux, des influences étrangères qui s'étaient affirmées, plus complexes et plus puissantes qu'on ne pense, dans le formidable mélange de peuples et le bouleversement général qu'avait provoqué Tchinghiz khan. Ces influences, et le goût des barbares amènent la prédominance du style du Nord, avec son amour des couleurs violentes et, parfois, brutales. Les peintres chinois se sont engagés dans cette voie avec la forte éducation acquise depuis l'époque des T'ang, et aussi une manière nouvelle de peindre. Le trait prend le même caractère que la couleur; il est calligraphique, violent et souvent brutal; mais il se dégage des œuvres de ce genre un sentiment d'énergie et de crudité sauvage qui projette au premier rang de l'histoire les maîtres de ce temps.

Ce sont là des particularités essentielles à l'époque des Yuan. Elles s'expriment durant un siècle à peine, car, si elles se prolongent encore durant une partie du XVe siècle, sous les Ming, elles finissent par disparaître devant la transformation profonde qu'apporte avec elle la réaction nationale.

Telle est, dans ses grandes lignes, l'évolution de la peinture durant cette période. Certaines des œuvres exposées au Musée Cernuschi vont nous permettre d'en définir d'une manière assez certaine les éléments les plus accusés.

1.

Avec Ts'ien Siuan 錢選 et Tchao Mong-fou 趙孟頫 nous avons deux maîtres dont la formation était achevée déjà à l'époque des Song. Tous deux appartenaient à un groupe de peintres et de lettrés qui sont restés fameux dans l'histoire chinoise. Ils étaient représentés à l'Exposition du Musée Cernuschi par des œuvres qui définissaient d'une manière précise le caractère de leur art.

Ts'ien Siuan 錢選 avait pour appellation Chouen-kiu 舜舉; pour surnom: Yu-t'an 玉潭, ou Souen-fong 巽峯, ou «le vieillard de Si-lai» 習嬾翁 parce que sa famille possédait le pavillon Si-lai, ou encore «le vieillard de Tcha-tch'ouan» 霅川 du nom du lieu où il était né dans la province de Tchö-kiang. A la fin des Song, pendant la période *king-ting* (1260—1264), il fut docteur présenté par sa province; il était rangé au nombre des huit hommes éminents de Wou-hing 吳興八俊, groupe dont le membre le plus illustre était Tchao Mong-fou; à l'avènement de la dynastie des Yuan, Ts'ien Siuan, seul de ses sept compagnons, refusa d'entrer au service des nouveaux maîtres [1]).

On voit donc qu'il était en pleine activité lors de l'avènement de la dynastie mongole. Aussi son art appartient-il tout entier à la tradition des Song. Ts'ien Siuan peignit également les jen-wou, les oiseaux et les fleurs, les paysages. On a de lui certains portraits d'un style admirable et de petites peintures de fleurs, de plantes ou d'animaux, pleines d'un esprit gracieux et d'un sens attendri de la nature. La peinture qui figurait à l'exposition du Musée Cernuschi [2]) permet de se faire une idée des caractères divers de son style. Elle porte sa signature 錢選製 puis un cachet avec son nom personnel

---

1) Dans le fascicule 12 du *Chen tcheou kouo kouang tsi*, une branche fleurie peinte par Ts'ien Siuan est datée de l'année 1287.
Dans le fascicule 2 du *Tchong kouo ming houa tsi*, une peinture de Ts'ien Siuan représente T'ao Yuan-ming 陶淵明 en promenade; il est accompagné d'un serviteur qui porte sur son dos une cruche de vin; dans le fascicule 11, deux peintures nous montrent des barques de pêcheurs surprises par le vent et la pluie.
Dans la revue japonaise *Kokka* (fascicule 35), deux tiges fleuries; — (fascicule 73) un bouquet de fleurs; — (fascicule 169) des rats dans une courge.
Dans les *Selected relics* de Tajima (vol. IV) deux panneaux représentant des lotus. Cf. Münsterberg, *Chinesische Kunstgeschichte*, vol. V, p. 273, 275.
Dans Giles (I. H. C. P. A. en regard de la p. 138), portrait de prince, d'après les Kokka.
Dans le n° 238 des Kokka, un crabe et un radis.
Dans le n° 259 de la même revue, le lavage d'un éléphant blanc, peint par Ts'ien Siuan d'après Tchang Seng-yeou 張僧繇, un peintre du temps des Six Dynasties.
2) Collection de M. R. Petrucci, n° 7 du Catalogue sommaire. V. *Planche XIX*.

錢選之印 puis un autre avec son appellation 舜舉. Sa calligraphie étant très spéciale, l'authenticité n'en est pas douteuse; mais une œuvre d'art vaudra toujours plus par son contenu intrinsèque que par les inscriptions qu'elle peut comporter. A cet égard cette œuvre de Ts'ien Siuan est si proche de toutes celles qui nous sont connues et qui appartiennent à cet artiste qu'il ne peut demeurer aucun doute sur son origine.

La composition rassemble des oiseaux et des fleurs. D'un rocher surgissent des chrysanthèmes d'un jaune d'or ou d'un rose pâle dont la teinte légère se mêle au feuillage. Des amarantes exotiques déploient au-dessus d'eux le superbe épanouissement d'une fleur rouge et de quelques fleurs jaunes, grasses et charnues. A leur pied on voit un couple de pigeons; au bas du rocher est la femelle, tandis que, posé plus haut, le mâle roucoule vers elle. Le dessin des oiseaux a ce caractère simple et austère que l'on a constaté déjà dans les aigles dont il a été question au chapitre précédent. Leur profil sculptural, la fierté de leur attitude, la consistance raide de leur vêtement de plumes, tout cela est rendu avec un art profond qui mêle à une synthèse audacieuse quelque chose de très tendre et de très doux.

On retrouve ce caractère de l'œuvre de Ts'ien Siuan dans la peinture reproduite par les Kokka, représentant un portrait de prince. Le dessin en a ce même sens austère, et la vision cette même subtilité, cette même grâce. D'autre part, ces deux peintures, quoique réalisées au moyen de la couleur, sont profondément influencées par la technique du monochrome. Dans le portrait, le jeune prince est vêtu d'une robe rouge; il porte un bonnet noir et le visage et les mains, d'un blanc mat, évoquent l'image d'une jeunesse étrange; mais la sobriété même du ton et la façon dont la robe rouge est traitée voisinent de fort près avec les méthodes du monochrome. Dans la peinture que nous avons sous les yeux, ce caractère est plus accusé encore. Le blanc ou le gris des oiseaux, les pointes de mousse verte sur les rochers, le vert des feuilles, le jaune ou le rose des fleurs, tout cela demeure dans des tons évanescents et subtils où la couleur se devine plus qu'elle ne s'affirme. Seule la grande fleur d'amarante rouge qui domine la composition tout entière comporte un ton saturé, violent, dont la vigueur somptueuse achève ce rêve par une sensation d'éclat sans pareil.

Tout, dans cet art, appartient à la tradition des Song. On peut y voir à quel point, à la fin du XIIIe et au commencement du XIVe siècle, le style de l'école du Nord avait reculé devant les tendances du Sud et à quel point l'usage de la couleur était dominé par les méthodes du monochrome.

2.

Avec Tchao Mong-fou [1]) nous nous engageons dans une voie différente, car, en même temps qu'il prolonge le style des Song, il est aussi un grand fondateur d'école et son influence s'exerce encore au XVe et même au XVIe siècle, sous les Ming. L'étude de son œuvre va donc nous permettre de suivre l'évolution de la peinture chinoise, au moins sous un de ses aspects, durant tout le XIVe siècle.

---

1) Tchao Mong-fou est né en 1254 et mort en 1322.

On se rend facilement compte des caractères de l'école de Tchao Mong-fou, car elle a laissé des œuvres nombreuses et de mérites divers, mais il est plus difficile de démêler, au milieu de cet amas d'œuvres inégales, la personnalité même du maître.

Il est hors de doute, en effet, que beaucoup, sinon presque toutes les œuvres de l'école lui ont été attribuées et l'on a inscrit son appellation Tseu-ang sans aucune espèce de critique sur un nombre incalculable de peintures. On peut dire que, dans le cas où l'on trouve sur une peinture l'appellation Tseu-ang, sans signature et sans cachet, il est presque certain que l'inscription est fausse. Tchao Mong-fou fut, en effet, en même temps qu'un grand peintre, un grand calligraphe. Sur des peintures authentiques, comme le rouleau de paysage, peint dans la manière de Wang Wei qui se trouve au British Museum, la signature et les cachets nous montrent ce caractère calligraphique étranger à presque toutes les inscriptions dont nous parlons, ainsi que ce style d'écriture, si personnel qu'il a constitué un type propre à l'époque des Yuan et qu'il a été imité au Japon.

Mais il faut tenir compte aussi de ce fait que les peintures de Tchao Mong-fou n'ont pas toujours été signées par lui et que l'inscription de son appellation a pu constituer une adjonction postérieure. Il convient donc de s'attacher au style de l'œuvre elle-même et, parmi les nombreuses peintures qui, à l'exposition du Musée Cernuschi, figuraient sous le nom de ce maître, de dégager celles qui peuvent paraître dignes de lui. Elles nous permettront, d'autre part, de donner à des répliques et à des imitations postérieures leur véritable rang.

On sait que Tchao Mong-fou fut réputé comme peintre de paysage et comme peintre de chevaux. Il est certain qu'il revint, dans l'interprétation du paysage, à des techniques dont les Song s'étaient écartés. D'après l'inscription du rouleau du British Museum, il indique lui-même qu'il a travaillé dans la manière de Wang Wei, et la belle peinture qui appartient au Musée Guimet dévoile la même influence. Ce n'est pas encore la prédominance du style du Nord, mais c'est un retour à la couleur intense, aux recherches somptueuses du ton, dont Wang Wei avait donné l'exemple dans ses recherches pour exprimer les conditions de la perspective aérienne.

Paysagiste, Tchao Mong-fou nous apparaît donc comme un réformateur et comme un archaïsant puisqu'il s'inspire des procédés du VIIIe siècle. A-t-il voulu, en renouvelant la manière du fondateur de l'école du Sud, lutter contre la reprise du style du Nord? A-t-il songé à opposer au dessin brutal, aux couleurs saturées et violentes, les dégradés subtils et les couleurs délicates de l'ancien style du Sud? Nous ne pouvons l'affirmer avec certitude; mais au moins pouvons-nous constater que, au moment où le style du Nord se reconstituait et donnait de nouvelles œuvres où sa violence passée s'accusait encore, le style de l'école du Sud se renouvelait, lui aussi, avec le même caractère archaïque. Il semble qu'il y ait là une manifestation particulière à l'histoire de l'époque qui couvre la fin du XIIIe et la première moitié du XIVe siècle.

Malheureusement, parmi les œuvres exposées au Musée Cernuschi, aucune ne rentre dans la manière archaïsante du paysage de Tchao Mong-fou. C'est l'animalier qu'elles nous révèlent; il est tel que cela seul suffirait à donner à cette exposition la plus haute importance.

Une peinture de la collection Kann [1]) nous paraît pouvoir être retenue comme une œuvre authentique. Elle porte à gauche, en bas, la signature Tseu-ang 子昂. Pour les raisons exposées plus haut nous pensons qu'elle a été ajoutée après coup. Elle ne présente nullement le style calligraphique de Tchao Mong-fou. Mais, à la partie supérieure du tableau, se trouvent deux notices qui constituent des garanties extrêmement sérieuses, confirmées du reste par la valeur intrinsèque de l'œuvre qu'elles accompagnent.

La première de ces notices, celle de droite, est l'œuvre de Kao K'i [2]) 高啟. Ce personnage avait pour appellation Ki-ti 季迪; il est originaire de Tch'ang-tcheou 長洲 (cité préfectorale de Sou-tcheou), dans la province de Kiang-sou; au début de la période hong-wou (1368—1398), il fut mandé à la Cour et fut chargé avec Sie Houei 謝徽 de rédiger l'histoire des Yuan 元史. Il fut scié par le milieu du corps à l'âge de trente-neuf ans, peu après l'année 1370, pour avoir écrit une composition littéraire dans laquelle l'empereur vit des intentions satiriques. En ce commencement de la dynastie Ming, il y avait eu dans la région de Sou-tcheou une remarquable floraison de talents poétiques: Kao K'i, avec Yang Ki 楊基, Tchang Yu 張羽 et Siu Pen 徐賁 furent surnommés les quatre héros 四傑 par analogie avec les quatre héros de l'époque des T'ang qui étaient Yang K'iong, Wang Po, Lo Pin-wang et Lou Tchao-lin [3]). Nous avons ici un spécimen du talent poétique de Kao K'i. En voici la traduction [4]).

L'immortel Song-siue [5]) fut habile à peindre des chevaux;
La réputation de son art frappa de stupeur toute la Chine.
Ce dont j'avais souvent entendu parler, maintenant je le vois [6]);
Comment l'inspiration de son pinceau serait-elle inférieure à celle de Han Kan [7])?
Dans la salle de jade, tout le long de la journée, il a manié son pinceau chargé de
Il a réalisé ainsi deux robustes chevaux bondissants.   [couleur;
Leurs sabots et leur queue se poursuivent au milieu de hennissements joyeux [8]);
Une beauté si admirable en vérité se rencontre rarement [9]).
L'époque de Souen Yang [10]) est lointaine et on ne peut plus y remonter;
Quand on manie cette peinture on se sent excité à pousser de longs soupirs [11]).

1) N° 107 du Catalogue sommaire. V. Planche XX.
2) Cf. Ming che, chap. CCLXXXV, p. 9 r°—v°.
3) Cf. Giles, Biographical Dictionary, n° 2369.
4) Nous croyons inutile d'en donner le texte puisqu'il est parfaitement lisible sur la planche.
5) C'est-à-dire Tchao Mong-fou.
6) Kao K'i voit maintenant un spécimen de cet art qu'il avait souvent entendu louer.
7) Han Kan 韓幹 était un artiste de l'époque des T'ang (seconde moitié du VIIIe siècle) qui n'avait pas son rival pour peindre des chevaux. Cf. Giles, p. 56; Hirth, p. 89; Petrucci (T'oung-pao, 1912, p. 316—317).
8) L'expression 蕭蕭 est tirée du Che King (section Siao ya, livre 3, od. 4, 5 str. 7).
9) C'est-à-dire qu'on voit rarement dans la réalité des chevaux aussi beaux que ceux-là.
10) Souen Yang 孫陽 dont l'appellation était Po-lo 伯樂 vivait sous la dynastie des Tcheou. Il connaissait admirablement le caractère des chevaux; on raconte qu'il passa un jour auprès d'un cheval qui était accablé par le char de sel auquel il était attelé; en apercevant Souen Yang, la pauvre bête poussa un long hennissement; Souen Yang descendit de son char et vint s'apitoyer sur le cheval; celui-ci manifesta aussitôt par ses mouvements de tête et par ses hennissements qu'il sentait avoir auprès de lui quelqu'un qui le comprenait bien.
11) Quand on a en main la peinture de Tchao Mong-fou, on pense avec regret à l'époque reculée où il y avait dans le monde des chevaux aussi beaux que ceux qui ont été représentés par le peintre.

La seconde notice, placée à gauche sur notre peinture, est également en vers; elle est datée de l'année 1481, c'est-à-dire qu'elle a dû être écrite plus de cent ans après celle de Kao K'i. Elle a pour auteur un certain Tchang Pi [1]) 張弼 qui avait pour appellation Jou-pi 汝弼 et qui se donnait lui-même le surnom de Tong-hai 東海; reçu docteur la deuxième année tch'eng-houa (1466), il fut nommé préfet de Nan-ngan 南安 à l'extrême sud du Kiang-si; il purgea cette région des brigands qui la rendaient peu sûre; il supprima plus de cent sanctuaires hérétiques; quand il quitta ses fonctions, le peuple lui éleva une chapelle 民為立祠 afin de pouvoir continuer à invoquer sa protection. La poésie de Tchang Pi est ainsi conçue:

Le maître originaire de Wou-hing [2]) vécut sous la dynastie des Yuan,
Mais il songea à imiter les époques k'ai-yuan et t'ien-pao [3]).
S'approchant du bassin [4]), il obtint en partage l'eau du fleuve Yong [5]);
Au milieu de la nuit, la constellation Fang [6]) tomba sur la sommité de l'encrier.
Ces chevaux produits par la peinture ne sont pas de vrais chevaux;
Ils circulent parmi les hommes et leur beauté est sans prix.
Qui est celui qui complétera le catalogue où on lit ce qu'il y avait dans la salle
[(Siuan-ho [7])?
Quand (cet auteur) expliquera ce tableau, il ne mettra pas Tchao Mong-fou au-dessous
[de Han Kan [8]).

---
1) Cf. *Ming che*, chap. CCLXXXVI, p. 3 v°.
2) C'est-à-dire Tchao Mong-fou.
3) C'est-à-dire que ce peintre de l'époque des Yuan fut digne des maîtres de l'époque des T'ang.
4) Le bassin dont il est question ici est la petite cavité ménagée à un bout de l'encrier pour recevoir l'eau destinée à délayer l'encre; de même, au vers suivant, il sera question de la sommité qui désigne la partie convexe de l'encrier. Comme on le verra par les notes suivantes, l'idée exprimée par le poète est celle-ci: des chevaux merveilleux ont dû venir dans l'encrier de Tchao Mong-fou pour que le peintre ait pu les représenter d'une manière aussi admirable.
5) Le fleuve Yong est le Houang ho, à K'ai-fong fou, dans la province de Ho-nan; c'est là que, suivant la légende, apparut au temps de Fou-hi le cheval-dragon portant sur son dos le tableau du T'ai-ki et des huit trigrammes 龍馬負圖. On sait que, en 120 av. J.-C., un cheval merveilleux, qui passait pour être venu de la rivière Yo-wa, près de Touen-houang, fut présenté à l'empereur Wou; les poètes rappellent souvent simultanément le souvenir du cheval sorti du fleuve Yong et celui du cheval sorti de la rivière Yo-wa. C'est ainsi que, sous les Yuan, le poète Tch'en T'ai 陳泰, faisant l'éloge d'un cheval merveilleux, disait: «Il est comme le dragon; c'est le fils (du cheval de la rivière) Yo-wa; c'est le petit-fils (du cheval du fleuve) Yong» 若有龍兮．渥洼之子．溁河之孫．(cf. *T'ou chou tsi tch'eng*, section K'in tch'ong, chap. XCIV, p. 4 v°).
6) La constellation Fang passe pour s'incarner dans les chevaux excellents. Li Ho 李賀, poète de l'époque des T'ang, dit, dans une de ses poésies: «Ce cheval n'est pas un cheval ordinaire; il n'est, à l'origine, que l'essence de la constellation Fang» 此馬非凡馬．房星本是精．(cf. *Ts'iuan T'ang che*, édit. lithogr., chap. XIV, p. 70 v°). — Un poète de l'époque des Ming, Lieou Che-Chao 鎦師邵, dit aussi en faisant l'éloge d'une peinture représentant cinq coursiers: «Le sein de la rivière Yong a produit le cheval-dragon; l'essence de la constellation Fang est descendue du ciel» 渥洼水中產龍馬．房星之精自天下．(*T'ou chou tsi tch'eng*, section K'in tch'ong, chap. XCVI, p. 11 v°).
7) Le catalogue des peintures de la salle Siuan-ho 宣和畫譜 a été composé au commencement du douzième siècle; les peintures de Tchao Mong-fou qui sont de la fin du treizième ou du commencement du quatorzième siècle n'ont donc pas pu y être mentionnées; Tchang Pi recommande à l'inconnu qui entreprendra de mettre à jour ce catalogue de ne point placer Tchao Mong-fou au-dessous de Han Kan, le fameux peintre de chevaux de l'époque des T'ang.
8) Cf. p. 35, n. 6.

En la dix-septième année de la période en cours [1]), Tchang Pi, originaire de Tong-laï, a salué avec respect et a écrit cette notice dans la « Chaumière où on lit les livres » (tou chou ts'ao t'ang).

Voici le texte de cette poésie, qui étant écrite en cursive est difficile à déchiffrer:

吳興學士生有元
想像開元天寶間
臨池分得滎河水
夜半房星落視山
貌來此馬無是馬
流落人間美無價
何人修譜讀宣和
譜圖不在韓幹下
歲紀十有七年東海張弼齋拜題於讀書草堂。

La première notice a été écrite une quarantaine d'années après la mort de Tchao Mong-fou. Cela seul suffirait à indiquer que, s'il s'agit d'une œuvre d'école, celle-ci est extrêmement proche du maître qui l'a inspirée. Mais si l'on s'en rapporte à la peinture il est impossible de ne pas y voir une œuvre originale.

Un cavalier vient d'être désarçonné. Il s'est relevé à peine et, son fouet maintenu par une courroie autour du poignet, il court avec cette démarche lourde et gauche des mongols auxquels les jambes, arquées par l'usage presque constant du cheval, donnent une allure particulière. Quant au cheval, il s'élance, sa longe traînant sur le sol, dans un élan irrésistible, dans une allure violente et têtue exprimée avec un sens vraiment profond du caractère de l'animal. Un camarade du cavalier désarçonné s'est lancé à la poursuite du cheval rétif. Il a rendu toutes les rênes à sa monture, en plein galop, et il tient cette longue perche, munie d'un nœud coulant, au moyen de laquelle les mongols domptent leurs coursiers. On ne peut s'empêcher de rapprocher de cette peinture le passage suivant de Huc dont elle semble être le vivant commentaire. « Il n'est peut-être pas de spectacle plus attrayant que de voir les cavaliers mongols courir après un cheval indompté. Ils sont armés d'une longue et lourde perche au bout de laquelle est une corde disposée en nœud coulant; ils se précipitent, ils volent sur les traces du cheval qu'ils poursuivent, tantôt dans des ravins scabreux et pleins d'anfractuosités, tantôt sur le penchant des montagnes; ils le suivent dans les détours les plus capricieux jusqu'à ce qu'ils soient parvenus à le talonner. Alors, ils prennent la bride avec leurs dents, saisissent à deux mains leur lourde perche, et se penchent en avant pour faire passer leur nœud coulant autour du cou du cheval. Dans cet exercice, ils doivent joindre une grande vigueur à beaucoup d'adresse pour arrêter tout net le cheval le plus fougueux. Il arrive quelquefois que la perche, les cordes, tout

---

1) Cette période ne peut être que la période tch'eng-houa dont la dix-septième année est l'année 1481.

est brisé; mais que le cavalier soit désarçonné, c'est ce que nous n'avons jamais vu »[1]).

En dehors de l'esprit d'observation, de la réalité et de la vivacité des attitudes, on trouve dans cette peinture une technique qui révèle un maître. Le trait a une souplesse, une légèreté, une vie qui suffiraient, au point de vue chinois, à en faire un chef-d'œuvre. D'autre part, la couleur y est discrète et peu accusée; comme dans les peintures de Ts'ien Siuan on y sent l'influence évidente des méthodes du monochrome. Ainsi Tchao Mong-fou animalier nous apparaît sous un aspect assez différent de Tchao Mong-fou paysagiste. Il semble que ce caractère, dans ses peintures de chevaux, ait été assez constant.

Il convient en effet de rapprocher de cette œuvre un très beau tableau de la collection Doucet[2]). Il porte lui aussi la signature Tseu-ang. Nous avons vu déjà ce qu'il fallait penser de cette inscription. Mais le tableau en lui-même se rapproche étroitement de celui de la collection Kann. Un cavalier rentre de la chasse. Le cheval, un poney de Mandchourie, trotte à l'amble. Une perdrix est attachée à la selle, à demi cachée par les replis du vêtement. Le cavalier, dont le type mongol est exprimé avec un rare esprit d'observation, se tient dans une attitude naturelle et pleine d'aisance. D'autre part, le trait souple et vivant reste le même, les couleurs amorties gardent le même caractère, tout indique que les deux œuvres sont de la même main et l'une n'est pas inférieure à l'autre en beauté. Si l'authenticité de la peinture de la collection Kann paraît certaine, on ne saurait hésiter à retenir celle de la collection Doucet comme une œuvre incontestable de Tchao Mong-fou.

3.

Nous entrons maintenant dans l'examen d'œuvres incertaines et qui nous paraissent bien difficiles à déterminer. La première d'entre elles est une admirable peinture de la collection Stoclet[3]) et qui provient, croyons-nous, de la collection formée en Chine par Madame Wegener. Elle représente un cavalier suivi d'assistants portant son bagage. Le cheval blanc a des caractères d'une grande finesse; il appartient à ces belles races venues du Turkestan oriental. Le cavalier porte une robe rose d'une teinte qui demeure exquise malgré la patine et les injures du temps. Le catalogue sommaire de l'Exposition[4]) dit que la peinture porte la signature Tseu-ang et deux cachets. Nous n'avons pu, quant à nous, trouver trace de cette inscription. D'autre part, la technique comme le coloris semblent assez différents des œuvres que nous venons d'examiner. Nous serions portés à voir dans la peinture de la collection Stoclet une manifestation de l'art des Song, peut-être notablement antérieure à Tchao Mong-fou. Le manque absolu de pièces de comparaison ne nous permet point cependant d'avancer ici autre chose qu'une hypothèse.

---

1) Souvenir d'un voyage dans la Tartarie, le Thibet et la Chine par M. Huc. Tournai, Casterman, 1850, p. 46.
2) N° 73 du Catalogue sommaire. V. *Planche XXI*.
3) N° 85 du Catalogue sommaire. V. *Planche XXII*.
4) Cf. Catalogue sommaire, par MM. Goloubew et d'Ardenne de Tizac, p. 57.

On se trouve dans le même embarras pour un tableau de la collection Doucet représentant un cheval blanc [1]).

On lit, à droite, les mots 凝霜白 «blanc comme le givre congelé». C'est le nom du coursier. Ce nom est analogue à ceux que nous trouvons dans un texte de l'époque des T'ang. Nous apprenons en effet que, la vingt et unième année tcheng-kouan (647), le peuple des Kourikan 骨利幹 qui habitait les régions les plus septentrionales de l'Asie Orientale offrit à la cour de Chine dix chevaux excellents. L'empereur leur donna des noms; nous remarquons le nom du premier qui fut: «blanc comme le givre qui bondit» 騰霜白, et le nom du troisième qui fut: «gris pommelé comme la rosée congelée» 凝露驄. Cela ne veut pas dire cependant que le cheval figuré sur cette peinture soit nécessairement un cheval de l'époque des T'ang. Il présente tous les caractères des beaux chevaux de race importés du Turkestan; la tête est fine, le poitrail bombé, les jambes nerveuses. Le dessin et le style semblent être inspirés de l'époque des T'ang et de l'école de Han Kan, mais le harnachement présente tous les caractères de celui qui était usité à l'époque des Song et des Yuan. De plus, si le style paraît dériver de celui des hautes périodes, il présente un certain affadissement qui est le propre des tendances archaïsantes du XIV⁰ et du début du XV⁰ siècle. Il nous paraît plus raisonnable de rapprocher cette œuvre de la tradition de Han Kan que de l'école de Tchao Mong-fou, mais il nous paraît prudent de ne l'attribuer qu'à l'époque des Yuan ou, peut-être, au début des Ming.

Enfin une peinture de la collection de la Princesse Eugène Murat, jointe à une œuvre de Wen Tcheng-ming [2]) sur laquelle nous aurons à revenir plus loin, était attribuée à Tchao Mong-fou. Elle portait la signature Tseu-ang, ce qui ne peut guère nous retenir, mais, collée avec la peinture de Wen Tcheng-ming sur un même fond, elle était accompagnée de notices dont nous devons tenir compte.

Une notice collée à droite de la peinture de Wen Tcheng-ming se rapportait évidemment, avant que les deux peintures ne fussent réunies, à celle que l'on attribue à Tchao Mong-fou. Cette notice est de Chen Tcheou 沈周 (1427—1509); elle est ainsi conçue: «En l'année kia-wou (1474) avant l'époque de kou-yu [3]), j'ai regardé ceci en saluant. En même temps, j'ai écrit ceci, moi, Chen Tcheou, originaire de Tch'ang-tcheou».

Chen Tcheou est lui-même un peintre bien connu, nous avons de lui quatre œuvres reproduites dans le *Chen tcheou kouo kouang tsi* (fasc. 4, 8, 10, 15). Cet autographe ferait difficulté s'il se rapportait à la peinture de Wen Tcheng-ming puisque celle-ci est de 1544 tandis qu'il est daté lui-même de 1474. Il paraît donc raisonnable d'admettre qu'il avait été écrit en marge de la peinture attribuée à Tchao Mong-fou et que, lorsqu'on joignit celle-ci à la peinture de Wen Tcheng-ming, il fut reporté à droite de cette dernière.

1) N° 109 du Catalogue sommaire. V. *Planche XXIII*.
2) N°⁵ 105 et 106 du Catalogue sommaire. *Planche XXIV*, n° 1.
3) Au mois d'Avril.

Deux autres notices dont l'une est datée de 1683 [1]) accompagnent les deux peintures; mais il en est une autre, au bas de la peinture de Tchao, qui lui est exclusivement consacrée. C'est un éloge de Tchao Mong-fou par Tchou Yun-ming 祝允明 (1460—1526); il est daté de l'année 1508. De même que la notice de Chen Tcheou, elle remonte à l'époque où la peinture de Tchao Mong-fou n'avait pas encore été jointe à celle de Wen Tcheng-ming.

Si donc la première de ces notices ne nous dit rien de fort précis, la seconde nous assure que, en 1508, l'œuvre considérée était bien attribuée à Tchao Mong-fou. La scène représente une sorte de halte, le personnage principal qu'à ses vêtements, à son turban et à ses traits on reconnaît pour un homme du Turkestan est à demi étendu sur un lit de bois, dans une chambre ouverte de trois côtés. On aperçoit, par la fenêtre, une femme qui se peigne; plus loin, dans un bâtiment latéral, une servante lave des vêtements. Dans la cour un serviteur donne à manger à un cheval blanc, tandis qu'un Chinois, dont la monture, un âne, est attachée au pied d'un arbre, semble adresser la parole au personnage étendu. La scène est habilement disposée; les mouvements des personnages et des animaux pleins de naturel; le dessin des arbres est excellent; mais nous ne retrouvons point dans le trait des animaux, des figures, des édifices, comme des formes végétales, le caractère propre aux œuvres de Tchao Mong-fou. La notice de 1508 est assez tardive; à cette époque les productions de l'école avaient envahi l'œuvre propre du maître. Nous croyons nous trouver ici en présence ou d'une réplique ou d'une œuvre d'élève assez sensiblement postérieure à Tchao et qui doit appartenir à la fin de l'époque des Yuan ou, peut-être, au début de l'époque des Ming.

4.

Nous ne pouvons encore abandonner l'école de Tchao Mong-fou. On voyait en effet, à l'exposition du Musée Cernuschi, deux peintures attribuées à Tchao Yong, son fils. Elles pouvaient par conséquent, au moins dans une certaine mesure, nous renseigner sur les modifications subies par son style lorsqu'il passait par des tempéraments différents du sien.

Malheureusement ces peintures posent un problème plutôt qu'elles ne résolvent une difficulté. L'une représente un paysage [2]). Une vache et son veau sont debout au bord d'un étang; l'enfant qui les surveille est assis au pied d'un vieux saule dont la ramure magnifique remplit le tableau. La peinture porte une inscription en caractères de style ancien.

«La sixième année yen-yeou, le seizième jour du second mois d'été (4 Juin 1319). — Tchao Yong». 延祐六年仲夏之月既望日。趙雍. Le premier cachet porte la mention: Sceau de Tchao Yong 趙雍之印. Le second cachet présente les mots Tchong-mou 仲穆 qui sont l'appellation de Tchao Yong.

Tchao Yong, fils du fameux Tchao Mong-fou 趙孟頫 (1254—1322), eut lui-même

---
1) Voyez, plus loin, les pages consacrées à Wen Tcheng-ming.
2) N° 111 du Catalogue sommaire. V. *Planche XXV*.

pour fils Tchao Fong 趙鳳, qui peignit des orchidées et des bambous avec assez de talent pour qu'on confondît ses œuvres et celles de son père [1]).

On est bien un peu dérouté de voir cette peinture datée de l'année 1319, car, en l'absence d'inscription, on n'aurait certainement pas osé faire remonter aussi haut une œuvre où s'affirme avec tant d'évidence, dans le feuillage de l'arbre, le dessin serré, minutieux et un peu sec qui va se généraliser sous les Ming. Cependant, si l'on rapproche ce tableau de celui qui a été reproduit dans le *Tchong kouo ming houa tsi* [2]), on ne peut méconnaître un lien de parenté entre le dessin de la vache et des chevaux, ou celui du tronc du saule de la première peinture et des troncs d'arbres qui figurent dans la seconde. Cette comparaison conduirait donc à accepter l'inscription comme authentique et, par conséquent, à considérer que ce style savant, certes, mais académique et froid qui envahit l'art du paysage sous les Ming, a des origines plus lointaines qu'on n'aurait pu le croire jusqu'à présent.

La seconde peinture [3]) est signée Tchao Yong 趙雍 sans aucune date et sans aucun cachet. Nous devons nous montrer sceptiques devant cette signature; mais nous devons constater que, par son caractère, par sa technique, par son coloris, cette œuvre, comparée à la précédente, semble appartenir d'une façon bien plus certaine à l'époque des Yuan.

On y voit des cavaliers partant pour la chasse au faucon. La barbe noire et pointue des personnages, leur visage mat, leurs formes graciles les font reconnaître sans aucun doute pour des étrangers — sûrement pas des Turcs, peut-être des Persans. Le dessin des chevaux n'est pas non plus sans parenté avec celui que nous montre la peinture reproduite dans le *Tchong kouo ming houa tsi*. Mais le paysage et les arbres se distinguent profondément de l'œuvre que nous venons d'analyser et à un point tel qu'il est difficile de les croire de la même main. Ils ont ce caractère de construction puissante que le retour du style du Nord faisait prédominer sous les Yuan; le profil des formes, dessiné à la méthode du «contour» et accusé par le trait d'encre, la couleur saturée, tout indique les particularités spéciales à l'art de la dynastie mongole. Nous ne croyons pas nous tromper en considérant cette peinture comme une œuvre du XIVe siècle. Quant à la personnalité de son auteur, pour celle-ci comme pour la précédente, il nous paraît prudent de réserver jusqu'à nouvel ordre toute conclusion.

5.

On voyait à l'exposition du Musée Cernuschi deux peintures attribuées à l'un des élèves directs de Tchao Mong-fou: Wang Yuan.

---

[1]) Cf. *Houa che houei yao*, chap. III, p. 33 r°, et *T'ou houei pao kien*, chap. V, p. 1 v°.
[2]) Dans la 14e livraison du *Tchong kouo ming houa tsi*, on trouve une peinture de Tchao Yong datée de l'année 1845; elle représente trois chevaux et quelques arbres dont on ne voit que la partie inférieure du tronc. Münsterberg (*Chinesische Kunstgeschichte*, t. I, p. 277, fig. 241) a reproduit, d'après la publication japonaise Bijutsugaho, une peinture de Tchao Yong représentant sept chevaux et un poulain occupés à manger dans une sorte de grande auge; ils sont surveillés par un homme debout qui tient un étendard.
[3]) Collection de M. Worch, n° 108 du Catalogue sommaire. V. *Planche XXVI*.

Wang Yuan[1]) 王淵 est un peintre de l'époque des Yuan dont l'appellation était Jo-chouei 若水 et le surnom Tan-hien 澹軒; il était originaire de Hang-cheou 杭州. Il eut pour maître Tchao Mong-fou. Pour les paysages il imita Kouo Hi 郭熙 (seconde moitié du XI⁰ siècle), et pour les fleurs et les oiseaux Houang Ts'iuan 黄筌 (milieu du X⁰ siècle).

L'une des deux peintures, appartenant à M. Vignier[2]), est fort endommagée. Non seulement on l'a rognée aux angles pour lui donner la forme d'un éventail, mais encore on y a ajouté dans le bas un fragment emprunté à quelque autre peinture; on remarquera en effet que la patte d'oiseau visible dans le morceau rapporté n'a jamais pu appartenir aux palmipèdes représentés dans la partie supérieure. A gauche on lit: « Peint par Wang Yuan, dont l'appellation est Jo-chouei ». 若水王淵畫.

Malgré sa mutilation, cette peinture comporte un magnifique caractère. Le port des oiseaux, la substance et la vigueur de leur plumage, la force avec laquelle les formes sont indiquées, tout dénonce cet art puissant de l'époque des Yuan où, après les recherches subtiles de l'école du Sud, on revenait à une inspiration barbare.

Il n'en est pas de même pour la seconde peinture[3]); elle est, certes plus embarrassante; elle figure trois kakatoès perchés sur une branche de pommier en fleurs. A gauche et en bas on trouve la mention: « Peint par Wang Yuan, dont l'appellation est Jo-chouei ». En haut et à gauche, une notice est ainsi conçue: « L'année wou-tch'en, le sixième mois, en été, votre frère cadet T'ao-ts'ao, en vue d'obtenir les directions de mon noble frère aîné Tsi-tch'ouan » 戊辰歲夏六月爲濟川大哥大人政弟濤艸. Que signifie cette indication? Est-elle contemporaine de la peinture? A-t-elle été écrite à une époque plus tardive par quelqu'un qui faisait simplement cadeau de cette œuvre de Wang Yuan à un de ses amis? Nous n'avons pas pu résoudre la question. De plus, si nous comparons cette peinture à la précédente, la mollesse du dessin, l'hésitation dans l'évocation des formes d'oiseaux et, par dessus tout, le style des arbres et des fleurs font penser à une réplique tardive, car la technique déploie des caractères usités seulement à la fin des Ming ou sous les Ts'ing. Malgré que la signature en style antique soit la reproduction exacte de celle qui figure sur la peinture précédente, nous ne pouvons attribuer ces deux œuvres à la même main.

6.

Nous avons devant nous, pour finir, trois œuvres anonymes, mais qui vont nous permettre de caractériser certains aspects du style des Yuan, en dehors de l'influence de Tchao Mong-fou.

La première est une peinture de la collection Henraux[4]). Elle représente des lotus sous lesquels nage un canard. Elle appartient à cette même tradition dont on

---

1) Cf. *Li tai houa che houei tchouan*, chap. XXVIII, p. 1 r⁰.
2) N° 87 du Catalogue sommaire. V. *Planche XXVII*.
3) Collection de M. Henraux, n° 29 du Catalogue sommaire. V. *Planche XXVIII*.
4) N° 56 du Catalogue sommaire. V. *Planche XXIX*.

a eu un si magnifique exemple par la peinture de la collection Vever, au chapitre précédent. La vigueur et la puissance qui s'y affirment l'égalent aux chefs-d'œuvre de l'époque des Song. Mais, dans cette vigueur même et dans certains tons qui prédominent, on voit l'action exercée sous les Yuan par les nouvelles recherches que l'engouement pour le style de l'école du Nord apportait avec lui.

La seconde de ces œuvres caractérise aussi la prédominance du style du Nord sur la tradition des Song [1]. — Elle représente un couple de hérons blancs marchant dans un marais sur le bord rocheux duquel pousse un buisson de pivoines roses et de camélias rouges. Des oiseaux, des insectes et des papillons volent tout autour. La peinture a un grand charme; elle conserve la tenue et l'élégance des belles œuvres de l'époque des Song. C'est aussi à cette tradition qu'appartient le trait fin et souple qui dessine les hérons ou le trait vigoureux qui accuse la structure du tronc de camélia ou du rocher. Mais, dans la saturation de la couleur et dans la recherche de contrastes violents, on trouve précisément les influences propres à ce style de l'époque des Yuan qui a conduit lui aussi à des œuvres de premier rang. Il s'accuse surtout dans le dessin des oiseaux au vol et des insectes: dessin dur, presque sculptural, dans lequel on retrouve quelque chose de l'âpreté de l'époque des T'ang avec un fond de violence et presque de brutalité. Ces tendances secouaient l'esprit peuplé de rêves de la Chine des Song et donnait aux œuvres manifestées un caractère qui a été jusqu'au grandiose et qui a égalé les moments les plus heureux du passé.

Ce caractère sévère, parfois un peu sombre, se retrouve dans la dernière peinture dont nous avons à parler. Elle appartient à la collection de M. Goloubew [2] et elle représente deux grues sous un bouquet de bambou. La grue étant un symbole de longévité et le bambou un symbole de sagesse, l'allégorie que comporte le tableau lui donnerait pour titre: *Sagesse et Longévité*.

Ici les souvenirs des Song ont disparu et nous nous trouvons plutôt en présence des transformations subies par le style propre des Yuan à la fin du XIVe et au début du XVe siècle. De sorte que cette œuvre peut être attribuée avec une assez grande certitude à la fin de la dynastie mongole ou au début de la dynastie des Ming. Les oiseaux sont dessinés d'un trait vigoureux et sûr dont la fermeté va jusqu'à la rudesse. Les attitudes s'affirment avec un sens profond de l'animal dont le profil se déploie avec une netteté qui soutient le tableau tout entier. Les bambous dessinés à la méthode du «contour» sont peints dans un vert sombre que le temps a assombri encore et qui se noie dans l'ombre du fond. Il y a quelque chose d'austère et de grave dans cette évocation superbe de l'oiseau et de la plante nobles par excellence dans la tradition chinoise. On n'y trouve aucune trace de la surcharge et de la complication qui se faisaient jour déjà chez les peintres des Yuan et qui vont s'accuser à l'époque des Ming.

---

[1] Collection de M. Petrucci, n° 6 du Catalogue sommaire. V. *Planche XXX*.
[2] N° 29 du Catalogue sommaire. V. *Planche XXXI*.

IV.

EPOQUE DES MING.

La dynastie des Ming a été portée au pouvoir par un sentiment de réaction nationale contre la dynastie mongole. Cependant, au point de vue de l'histoire de l'art, on peut se demander si celle-ci n'a pas fait autre chose qu'accentuer un retour au style de l'école du Nord qui se fût produit sans l'intervention d'une dynastie étrangère et dont le caractère tenait à l'évolution propre de la peinture chinoise. Les Mongols avaient, en somme, changé fort peu de chose en Chine; ils n'avaient fait que continuer l'œuvre des Song. Vite absorbés par le monde qu'ils avaient conquis, ils disparurent pour faire place à une dynastie nationale qui hérita de leur effort. Malgré la certitude où les Ming étaient de revenir aux coutumes de l'antiquité, ils ne faisaient autre chose qu'établir d'une manière définitive l'organisation académique élaborée sous les Song. Aussi voit-on, dans l'évolution de la peinture à cette époque, les influences venues des périodes précédentes s'éteindre peu à peu pour faire place, au XVIe siècle, à un idéal nouveau.

Nous allons donc examiner tout d'abord les peintures dans lesquelles se continuent, au XVe siècle, les traditions de l'art des Song et des Yuan pour tâcher de déterminer ensuite par quelques exemples choisis le caractère propre à l'art de l'époque des Ming.

1.

Pien Wen-tsin[1]) nous montre, dans une œuvre appartenant à M. Vignier, comment le style de l'époque de Sud se maintenait au début du XVe siècle. Le tableau représente deux cormorans posés sur un rocher, parmi des roseaux. A droite on lit les mots King-tchao 景昭 qui sont l'appellation de Pien Wen-tsin 邊文進. Ce peintre florissait au début du quinzième siècle; il était originaire de la sous-préfecture de Cha 沙 dans la province de Fou-kien; il est renommé pour son talent à représenter les oiseaux et les fleurs. Nous possédons de lui, dans la collection donnée au Musée du Louvre par M. Pelliot, des cigognes qui sont une belle œuvre[2]).

Ici nous avons sous les yeux un superbe exemple de ce qu'était la technique du monochrome au XVe siècle. Sans doute, les éclats de l'encre de chine ont un peu souffert des injures du temps; mais les accents, les dégradés et les finesses du ton font que la peinture entière baigne dans une brume vaporeuse et sans substance dont le

---
1) N° 54 du Catalogue sommaire. V. Planche XXXIII.
2) Cf. La peinture chinoise au Musée du Louvre (dans T'oung pao, 1904, p. 319).

charme est indéfinissable. Les tiges des longs roseaux, derrière le rocher, sont noyées dans la vapeur, mais leur tête s'enlève dans un accent brusque qui s'accuse tout à coup. Le plumage des oiseaux, mouillé par l'humidité, est traité avec une aisance singulière. Ce que les Chinois appellent « l'idée de vie » se dégage sans efforts de cette belle page, composée largement et dans laquelle les oiseaux, posés sur le rocher, prennent on ne sait quel aspect monumental. Le style de l'école du Sud est tout entier présent dans cette œuvre; elle peut soutenir la comparaison avec les meilleurs exemples de l'époque des Song ou des Yuan.

Un autre peintre du XV siècle s'apparente encore étroitement à l'art des périodes précédentes. C'est Lu Ki 呂紀. Il était à l'apogée de son talent pendant la période hong-tché (1488-1505); il avait pour appellation T'ing-tchen 廷振 et il était originaire de Yin 鄞, c'est-à-dire de Ning-po, dans le Tchö-kiang¹).

Une peinture exposée au Musée Cernuschi²) représentait une oie debout au bord d'un ruisseau parmi des bambous et des fleurs. On lisait à gauche la signature « Lu Ki, originaire de Sseu-ming » 四明呂紀. Sseu-ming est le nom d'une montagne célèbre qui se trouve dans le territoire de la sous-préfecture de Yin et qui peut, par conséquent, désigner cette sous-préfecture elle-même.

Cette œuvre mérite d'être rapprochée de la fameuse peinture des oies du British Museum provenant de la collection Wegener. Sans avoir leur caractère magique et grandiose, elle appartient cependant à la même tradition. L'oie de Lu Ki est dessinée d'un trait léger et flexible, d'une technique pareille à celle qui était usitée sous les Song. Le profil des bambous et des fleurs est tracé à la méthode du « contour ». Les couleurs sont sobres, légères, on y sent profondément l'influence du monochrome qui repousse les tons violents et maintient tout dans des nuances raffinées. Bien des œuvres contestables ont été attribuées à Lu Ki; celle-ci nous paraît comporter à un haut degré tous les caractères que définissent les textes et qui sont spéciaux à l'époque à laquelle il a vécu.

Une autre peinture³), probablement un fragment, mais anonyme celle-là, nous révèle au début des Ming la persistance d'un autre aspect des anciennes traditions. Elle représente des insectes sur une plante de coqueret (physalis) chargée de fruits. L'un d'eux est tout à fait mûr et l'on voit la baie rouge sortant de sa gaine ouverte. Ce tableau appartient donc à la catégorie spéciale des « plantes et insectes » qui forme un ensemble particulier dans la division des sujets de la peinture chinoise. Exécutée en *ts'ing lu* 青綠 et en *tchou-cha* 朱砂, les veines des feuilles et des fruits y sont soulignées d'un trait d'or. On a ici un exemple de cette manière somptueuse que l'on

---

1) Voyez le *Ming chan ts'ang*, cité dans le *Pei wen tchai chou koan p'ou*, chap. LVI, p. 10 v°.
Dans *Notes on some chinese painters of the present dynasty*, en regard de la p. 4, Hirth a reproduit une peinture de Lu Ki datée de 1497 et représentant des faisans dorés et un magnolia en fleurs.
2) Collection de M. Worch, n° 91 du Catalogue sommaire. V. *Planche XXXIV*.
3) Collection de M. Petrucci, n° 53 du Catalogue sommaire. V. *Planche XXXV*.

appelait le *louo ts'ing* 螺青 et qui, aux verts de malachite, aux bleus de lapis-lazuli et aux rouges de mercure, mêlait les traits ou les fonds d'or. Son origine remonte à Wang Wei; Tchao Mong-fou, sous les Yuan, y était par moments revenu. Il n'est pas indifférent de la retrouver dans une œuvre excellente du début des Ming, car cela nous montre sous quelles influences archaïsantes Kano Motonobu, qui introduisit un nouveau style chinois dans la peinture japonaise, trouvait, à la fin du XVᵉ siècle et au début du XVIᵉ, le secret de ces ordonnances fastueuses qui devaient donner à son école les plus grands décorateurs du Japon.

2.

Puisque nous avons parlé de Tchao Mong-fou, Wen Tcheng-ming 文徵明 va nous ramener à son influence. Il a vécu de 1470 à 1559, c'est-à-dire qu'il est mort dans sa quatre-vingt-neuvième année; il a donc pu fournir une longue carrière et c'est ce qui explique pourquoi les œuvres de lui qui nous ont été conservées sont assez nombreuses. Son nom personnel était Pi 璧, mais il est généralement connu sous son appellation de Tcheng-ming; il est aussi désigné par son surnom de Heng-chan 衡山 ou par son titre de tai-tchao 待詔.

Une peinture de la collection de la princesse Eugène Murat [1] figurait à l'exposition du Musée Cernuschi. Il en a déjà été question incidemment, car c'est précisément à celle-ci que se trouvait jointe la peinture de l'école de Tchao Mong-fou dont nous avons déjà parlé. Nous avons utilisé plus haut celles des notices qui se rapportaient à Tchao Mong-fou, nous allons maintenant nous servir de celles qui se rapportent plus particulièrement à la peinture de Wen Tcheng-ming.

En haut et à gauche de la peinture que nous avons sous les yeux, on lit la poésie suivante:

Ligne 1: 竟 夕 自 怨 秋
Ligne 2: 維 特 憶 舊 游
Ligne 3: 涼 風 起 天 末
Ligne 4: 萬 里 送 行 舟.

«Toute la nuit je m'attriste de l'automne; je garde seulement le souvenir de mon ancien voyage; (alors) un vent frais s'était levé de l'horizon et pendant dix mille *li* accompagnait ma barque qui voguait».

Puis, en prose, Wen Tcheng-ming ajoute:

燕文貴河寫一幀。神妙之極。特爲仿之。甲辰冬日徵明.

«(En s'inspirant de cette poésie), Wen Kouei-ho, originaire du pays de Yen, a fait

---

1) Nº 105 du Catalogue sommaire. V. *Planche XXIV*, nº 2.

un tableau qui est la perfection même; je l'ai spécialement imité. L'année kia-tch'en (1544), en un jour d'hiver, (Wen) Tcheng-ming (a écrit ceci)».

Puis vient le sceau qui présente les caractères Heng-chan 衡山, surnom de Wen Tcheng-ming.

Si on jette maintenant les yeux sur la peinture on voit un paysage où les arbres sont inclinés vers la gauche par le vent et on comprend que les petites barques, dans le lointain, doivent filer vite sous leurs voiles tendues. De cette manière l'artiste inconnu qu'est Wen Kouei-ho avait dû figurer le souvenir du voyage évoqué par la poésie anonyme et c'est ce modèle dont s'est inspiré à son tour Wen Tchen-ming, en l'année 1544 [1]).

Aux peintures de Wen Tcheng-ming et de Tchao Mong-fou sont jointes plusieurs notices. Celle du haut comprend deux parties, l'une en vers et l'autre en prose; elle a été écrite par Houang Tao-tcheou 黄道周 (1585—1646) qui fait l'éloge de Wen Tcheng-ming et de Tchao Mong-fou, mais qui préfère le premier au second parce que, dit-il, Tchao-Mong-fou, qui était un sujet des Song, manqua de loyalisme en se ralliant aux Yuan.

A gauche du paysage de Wen Tcheng-ming est une notice de Tch'en Ki-jou 陳繼儒 appellation Mei-kong 眉公 qui loue Tchao Mong-fou et Wen Tcheng-ming d'avoir réuni tous deux le talent du peintre et celui du calligraphe.

Entre les deux peintures on trouve une notice écrite en 1683 par le peintre bien

---

1) Les autres peintures et les autographes de Wen tcheng-ming dont les reproductions nous sont accessibles sont les suivantes:
I. — Dans la revue *Chen tcheou kouo kouang tsi*:
Fascicule 4: une copie autographe du *Ts'ien tseu wen* 千字文 ou livre des mille mots, datée de 1545. — D'après une notice du *Ming chan tsang* 名山藏 reproduit en tête de ce fascicule, le *Ts'ien tseu wen* était un texte que Wen Tcheng-ming copiait souvent pour s'exercer à la calligraphie; il en écrivait jusqu'à dix exemplaires par jour.
Fascicule 5: paysage de montagne; un petit sentier court à l'ombre des pins et deux hommes, debout sur un pont de bois, contemplent les cascades du torrent.
Fascicule 8: paysage daté de 1553. — Un lettré est assis au bord d'un torrent dans une gorge que dominent de hautes montagnes; un serviteur se dirige vers lui.
Fascicule 10: Un lettré, que suit un serviteur portant un luth, longe le bord d'un torrent dans une montagne où se trouvent de grands pins.
Fascicule 14: Paysage daté de 1558. — Montagnes lointaines après la pluie.
Paysage. Beau temps après la neige dans la montagne.
Magnolia en fleurs daté de 1551.
II. — Dans la revue *Tchong hoa ming houa tsi*:
Fascicule 1: Un lettré, debout sur un pont rustique, songe en regardant l'eau couler.
Fascicule 6: Un ermitage de lettré dans la montagne.
Sur cette peinture est écrit un autographe de l'empereur K'ien-long, de 1773.
III. — Dans la revue *Li tch'ao ming houa kong chang tsi* (fascicule 2) une peinture de Wen Tcheng-ming représente un lettré qui s'abandonne à ses hautes pensées, sous un grand pin, au bord d'un ruisseau.
Cette peinture est datée de l'année 1550 par Wen Tcheng-ming lui-même qui nous apprend qu'il était alors âgé de quatre-vingt-un ans. — Cette indication nous permet de confirmer les dates de 1479 à 1559 que nous avons données comme étant celles de la naissance et de la mort de ce peintre.
Enfin, dans le fascicule 1 de la même revue, une peinture de l'année 1528 représente un ermitage de lettré dans la montagne.
IV. — Dans le n° 251 des *Kokka*, une branche de bambous peints en monochrome à l'encre de Chine.

connu Yun Cheou-p'ing 惲壽平 appellation Nan-t'ien 南田 (1633—1690). Elle fait l'éloge non seulement de Tchao Mong-fou et de Wen Tcheng-ming, mais encore de Houang Tao-tcheou, l'auteur de la notice placée au sommet de ce panneau; elle nous apprend que Houang Tao-tcheou fut reçu docteur en 1622 (et non en 1623, comme le dit Giles); après avoir rappelé sa noble conduite au moment de la chute des Ming, elle nous informe que son nom posthume fut Tchong-touan 忠端.

Quoique cette peinture soit une interprétation d'une œuvre plus ancienne, l'influence de Tchao Mong-fou s'y grave fortement. Aussi bien elle fut profonde sur Wen Tcheng-ming et il n'est pas étonnant de voir celui-ci posséder une technique qui le rapproche du maître des Yuan. Elle le rapproche surtout de Tchao paysagiste, alors qu'il travaille lui-même sous l'influence de Wang Wei. C'est la même habileté à distribuer les groupes d'arbres, à y mêler quelques constructions éparses, à ménager dans le mouvement des hautes montagnes des recoins pleins de charme, à ramener enfin la chute des terres à l'espace maritime largement ouvert.

Cependant, à toutes ces réminiscences s'ajoute quelque chose de personnel et de nouveau par quoi s'annonce la manière des paysagistes de l'époque des Ming. C'est une vision plus minutieuse et plus fine du paysage, un soin du détail qui commence à s'accuser et qui, bientôt, va conduire à des compositions contournées et surchargées dont le caractère fantastique ne sera pas sans charmes.

3.

Nous en avons un premier exemple dans un paysage de la collection de la princesse Murat [1]. C'est une longue peinture en hauteur représentant un paysage montagneux dont les pics s'accumulent. Au milieu, des personnages traversent un léger pont de bois jeté sur un ravin. La tonalité générale est sombre; le sentiment, violent et grandiose de l'hiver, s'accuse dans ces sommets qui s'élèvent, d'un mouvement continu, des profondeurs d'un ravin jusqu'à la pure atmosphère des hauteurs où la végétation ne vit plus. Des pins au feuillage sévère accompagnent cette évocation prestigieuse et des mousses, piquetant les rochers de leur vert de malachite cerné d'un trait noir ajoutent quelque chose de somptueux à cet ensemble magnifique [2].

Cependant, malgré tous ces caractères, rappelant, à travers l'époque des Yuan, une lointaine influence de l'école des Ma, la composition comporte un caractère qui va s'accuser de plus en plus sous les Ming. Elle commence à perdre son unité. On pourrait presque décomposer le tableau en deux ou trois tranches superposées qui se suffiraient à elles-mêmes. Cet éparpillement de l'attention, cet oubli de l'esprit de synthèse et de la puissante unité des vieux maîtres, encore peu apparent ici, sera bientôt prédominant.

On retrouve ce caractère plus accusé dans une belle peinture de la collection

---

1) N° 96 du Catalogue sommaire. V. *Planche XXXVI*.
2) Au haut de la peinture on lit l'inscription: 流水依然在。一路寒冰中. « L'eau courante, comme toujours, est là; mais c'est sous la glace hivernale qu'elle poursuit son chemin ». Il s'agit, en somme, d'un paysage d'hiver.

Bouasse-Lebel ¹). Dans un paysage rocheux dont l'allure d'impossibilité prête à de longues rêveries se déploie l'ordonnance fastueuse des palais qu'habitent les génies et les immortels. En bas, un sien-jen 仙人, accompagné de deux assistants, traverse un pont de roche qui le mène vers le séjour fabuleux. Les rochers, coupés par des brumes éparses, dressent les uns au-dessus des autres leurs sommets accusés d'un vert de malachite. Ils sont tels qu'aucune montagne au monde n'a jamais présenté une semblable structure. Il se compliquent en stratifications étranges, se mêlent à la végétation d'une manière bizarre, plongent dans une eau profonde aussi étrange qu'eux. C'est bien le paysage légendaire, fait de roches pareilles aux pierres précieuses, de palais d'or et de cristal qu'habitent les génies et les dieux. Mais c'est aussi la révélation d'un amour du compliqué et du bizarre qui va prendre la place de la contemplation directe de la nature. On ne la comprendra plus avec cette divination profonde, ce sens grandiose des vieux peintres et des premiers philosophes. Ces tendances sont dangereuses; elles conduiront, sous une influence académique, à des recherches d'une habileté parfois stupéfiante, dans lesquelles le goût du joli et la préoccupation d'une érudition toute littéraire glaceront les élans de l'artiste pour ne plus laisser subsister que le technicien et l'artisan.

4.

Avant de quitter l'époque des Ming il conviendra de s'arrêter à deux peintures qui nous permettront de définir ce qu'était devenu l'art de la figure et du portrait au XVIᵉ siècle. Un tableau de la collection Goloubew ²) a certainement été peint à ce moment. Il semble, dans son état actuel, n'être plus qu'un fragment. Il représente une femme, vue à mi-corps, respirant une fleur de pivoine. Il paraît certain qu'à l'origine la figure était vue tout entière et qu'il ne nous en reste qu'un débris.

A la partie supérieure on lit une poésie signée de T'ang Yin 唐寅; elle est ainsi conçue:

« La femme divine s'est levée de bon matin; ses cheveux de côté sont massés en [ailes de corbeau.
Sa robe légère, qui a un col brodé, est en gaze couleur abricot.
Pour quelle raison ne l'engage-t-on pas à mettre du fard blanc et noir?
C'est de crainte qu'elle ne fasse mourir de honte la fleur de pivoine.
Écrit par T'ang Yin, originaire de la commanderie de Wou ».

Le premier sceau présente les mots Nan king kiai yuan 南京解元 qui signifient « diplômé pour la licence à Nanking ». Le second sceau porte la mention Licou-jou kiu che « Le maître qui vit dans la retraite, Licou-jou ». Licou-jou est un des surnoms de T'ang Yin ³).

---
1) N° 333 du Catalogue sommaire. V. *Planche XXXVII*.
2) N° 38 du Catalogue sommaire. V. *Planche XXXVIII*.
3) T'ang Yin est un peintre très connu de l'époque des Ming. Nous possédons de lui les œuvres suivantes:
I. — Dans le *Chen tchou kouo kouang tsi:*
Fascicule 2: Paysage; un lettré, assis sous une paillote, contemple un torrent; des bambous grêles se dressent à l'entour; dans le lointain de hautes montagnes profilent leurs sommets.

Il n'est pas absolument certain que T'ang Yin (1470—1523) soit l'auteur de la peinture elle-même, car il peut fort bien n'avoir fait que composer et écrire la poésie. En tout état de cause cependant, cette inscription nous fixe sur le moment auquel la peinture a été exécutée; c'est le début du XVI° siècle.

Il faut tout d'abord remarquer que cette beauté chinoise porte le costume et la coiffure de l'époque des Song et qu'elle doit représenter quelque femme poète ou courtisane, sur laquelle, peut-être, une inscription aujourd'hui perdue, dans le bas du tableau où devait figurer la signature, nous aurait plus exactement renseignés. Si l'on compare cette peinture au Lu Tong-pin de T'eng Tch'ang-yeou et au beau portrait de la collection Rivière on se rendra compte de l'évolution que l'art de la figure a accompli depuis l'époque des T'ang jusqu'à celle des Ming. On n'a ici ni l'autorité souveraine du Lu Tong-pin, ni la vitalité, l'expression, la mobilité étrange de la figure de moine que nous avons analysée plus haut, mais une recherche élégante et raffinée, le maniement d'un trait souple et fin, l'opposition voluptueuse du blanc mat des chairs au noir profond de la chevelure, bref quelque chose à la fois de systématique et de sensuel.

C'est bien dans cette voie que s'engage la peinture de portrait à cette époque. Comme pour le paysage on s'éloigne de l'observation directe de la nature pour constituer un style qui, malgré son artificialité, n'est pas sans charme. Le mouvement des esprits vers un art « de tête », purement intellectuel, dans lequel le sentiment absent se trouvait remplacé par l'amour d'un joli raffiné et, parfois, un peu débile, était

Fascicule 3: Paysage; ermitage de lettré au milieu de pêchers, de pins et de bambous.
Fascicule 7: Paysage de montagne.
Fascicule 8: Le même ermitage que dans la peinture du fascicule 3: ici l'œuvre est datée de l'année keng-wou de la période tcheng-tô, c'est-à-dire de l'année 1510.
Fascicule 12: La brodeuse fatiguée. — A l'imitation de Tcheou Wen-kiu (X° siècle).
Fascicule 13: Illustration du *Si siang ki*.
Fascicule 14: branche de prunier.
II. — Dans le *Tchong kouo ming houa tsi*:
Fascicule 2: Paysage daté de l'année 1513.
Fascicule 3: Forêt d'automne et bouquets de bambous.
Fascicule 4: Une rivière dans un paysage de roches élancées; appuyé sur le tronc d'un arbre, un homme médite.
Fascicule 5: Le vent d'automne et l'éventail en soie (cf. *T'oung pao*, 1909, p. 528).
Fascicule 6: Paysage.
Fascicule 12: Pois de senteur sur un tronc d'arbre. Peinture datée de 1517.
Fascicule 14: Ermitage au bord d'un lac, au pied des montagnes.
III. — Dans le *Li tai ming houa kong chang tsi*:
Fascicule 1: Lettré jouant du luth au bord d'une rivière.
Fascicule 3: Coq peint à l'encre. Daté de 1521.
IV. — Dans Münsterberg (*Chinesische kunstgeschichte*, en regard de la p. 284).
Femme appuyée sur le tronc d'un arbre avec une pose analogue à celle de l'homme dans le fascicule 4 du *Tchong kouo ming houa tsi*.
Id., p. 300: une femme, tenant un luth enveloppé dans son fourreau, debout devant un paravent.
Cette peinture se trouve dans le Museum of fine Arts à Boston. — Dans Hirth (avant la p. 5), une carpe datée de 1508.
D'après Giles (p. 158), dans la *Geschichte der Kunst aller Zeiten und Völker*, par Karl Woermann, vol. I, p. 533, il y a une reproduction d'une peinture de T'ang Yin qui se trouve dans le Grassi-Museum à Leipzig; elle est intitulée « Göttin über dem Drachen in Wolken » et est datée de 1508.
Comme on le voit, les vingt peintures que nous venons de citer nous fournissent les dates 1508, 1510, 1513, 1517, 1521 et nous permettent de déterminer approximativement l'époque de la plus grande production de T'ang Yin.

assez général à cette époque. Il devait aussi bien influencer l'interprétation de la figure que celle du paysage.

Il est cependant une certaine catégorie de portraits où une sorte de réalisme traditionnel se maintient. C'est celle des portraits funéraires. On en avait un bon exemple dans un ensemble de portraits de famille de la collection Kalebdjian [1]). On y voyait, en haut, le grand-père, à droite et à gauche, les deux femmes qu'il dut épouser successivement; en bas le père et la mère. Tous portent le costume de l'époque des Ming. Si les attitudes des personnages sont figées par les exigences rituelles, les visages sont dessinés avec une attention et une précision qui leur donnent à tous leur caractère individuel. Il y a quelque chose ici de cet art puissant et magnifique que révélait le portrait de la collection Rivière. Il devait, du reste, exercer profondément son influence, du XVIe au XIXe siècle, sur la peinture coréenne.

[1] N° 41 du Catalogue sommaire. V. Planche XXXIX.

V.

EPOQUE DES TS'ING.

C'est une opinion bien établie que l'époque des Ts'ing est sans valeur pour la peinture chinoise. Cependant, ce jugement injuste et hâtif a grand besoin d'être réformé. Il est vrai que, au XVIIIe et au XIXe siècle, les répliques ou les peintures inspirées des œuvres de l'antiquité sont extrêmement abondantes; mais, d'une part, elles ne doivent pas être considérées comme de nul intérêt; d'autre part, elles ne constituent point la seule activité d'une période qui eut ses maîtres.

L'époque des Ts'ing ne fait, en effet, que continuer l'œuvre des Ming, et même elle y ajoute quelque peu. Héritière de la peinture académique devenue prédominante au XVIIe siècle, elle lui oppose au XVIIIe un mouvement de rénovation dont la vigueur montre bien que la sève artistique n'est pas tarie dans l'âme chinoise. Si l'on s'était donné pour but, au Musée Cernuschi, de consacrer au moins une partie de l'exposition à la peinture chinoise du XVIIe au XXe siècle, on aurait pu, sans aucun doute, composer pour cette période un ensemble de choix. C'est un peu au hasard des circonstances que certaines œuvres de basse époque ont figuré à l'exposition et souvent sur la foi d'une attribution plus ancienne. Malgré cela, cependant, nous y trouvons des matériaux signés et datés qui vont nous permettre de définir certains des aspects de la peinture moderne en Chine. Nous espérons que cette partie de notre étude fera justice des préventions qui se sont jusqu'à présent trop généralement affirmées.

1.

Une très belle peinture de la collection Kann [1]) mérite d'attirer tout particulièrement l'attention. Elle porte une signature et un cachet. La signature nous livre le nom du peintre: Wang Kouen 王琨. Le cachet porte les caractères: 王琨字山輝印. Au nom de Wang Kouen il ajoute donc expressément l'appellation: Chan-houei. Nous savons très peu de chose sur ce peintre. Le *Li tai houa che houei tchouan* se borne à nous dire que Wang Kouen était le fils de Wang Che [2]) 王石 et qu'il était un bon peintre: 王琨石子善畫. De l'un et de l'autre nous savons qu'ils vivaient au temps

---

1) Cette peinture a été omise dans le Catalogue sommaire. V. *Planche XL*.

2) Le même ouvrage dit, à propos de Wang Che, qu'il peignait bien les paysages et les *jen-wou* et qu'il possédait les qualités *tsing* 精 et *miao* 妙 (cf. Petrucci, *T'oung pao*, 1912, p. 75—79). — D'après le *Kouo tch'ao houa che* (chap. VIII, p. 12 r°), Wang Che avait pour appellation Je-kien 日堅; son oncle paternel, Wang Yun-yeou 王雲尤, fut présenté, à cause de son talent de peintre, à l'empereur K'ang hi (1662—1722).

des Ts'ing, sans pouvoir préciser aucune date; sans le cachet apposé sur la peinture, nous ne connaîtrions pas même l'appellation de Wang Kouen.

Cette identification est, cependant, extrêmement précieuse, car, sur la simple vue de la peinture, nous aurions été tentés de faire remonter jusqu'aux Ming la date de son exécution. Si elle a, en effet, cette aisance large et facile, cette pointe d'habileté dont les plus beaux maîtres de cette époque sont rarement exempts, elle est encore imprégnée d'autre part des traditions du monochrome et du style de l'école du Sud. La sobriété du ton, la valeur relative des nuances toutes proches les unes des autres et, cependant, souples et variées, le port ferme des fleurs, tout cela rappelle une tradition déjà lointaine. Il est intéressant de constater qu'elle n'était point perdue au XVIIe et au XVIIIe siècle. On peut en suivre les transformations en comparant cette œuvre aux lotus de la collection Henraux, pour les Yuan, et à ceux de la collection Vever, pour les Song. On se fera ainsi une idée précise de la façon dont le temps et un idéal nouveau ont transformé les anciennes conceptions.

2.

Une peinture de la collection Héliot[1]) nous révèle un autre peintre dont nous savons qu'il vivait sous les Ts'ing, sans pouvoir, non plus, préciser l'époque à laquelle il travaillait. Elle représente un groupe de canards nageant et plongeant parmi des roseaux. Elle nous familiarise avec ces copies ou ces interprétations d'anciens maîtres qui furent nombreuses sous les Ts'ing et qui, du reste, présentent les mérites les plus divers.

A gauche et en haut de la peinture on lit:
« Voici l'heure où la pêcheuse appelle les canards, le soleil du soir vient de se coucher et couvre comme d'une couche de fard l'horizon.

Le rouge des fleurs de persicaire se trouve parmi le blanc des fleurs de roseau; on n'aurait pas dit que le fleuve en automne était lui-même doué de conscience».

Ligne 1: 正是漁婆喚鴨時
Ligne 2: 夕陽初入抹胭脂
Ligne 3: 蓼花紅處蘆花白
Ligne 4: 不道秋江也自知.

Puis vient l'indication suivante:
« Ces roseaux, ces canards et aussi cette inscription ont été imités de Houang Kiu-ts'ai ».

摹黃居寀蘆鴨并題.

Houang Kiu-ts'ai est le fils du célèbre peintre du dixième siècle, Houang Ts'inan 黃筌.

---

1) No 61 du Catalogue sommaire. V. Planche XLI.

Enfin l'artiste qui a imité Houang Kiu-ts'ai nous révèle lui-même son nom: «Sseu-ma Tchong, appellation Sieou-kou» 繡谷司馬鍾. Ce peintre était né à Chang-yuan 上元 c'est-à-dire Nanking; son appellation est le plus souvent écrite 秀谷. Nous savons qu'il vécut sous la dynastie mandchoue [1]), mais sans pouvoir préciser à quelle date.

Si la peinture a la mollesse du dessin, l'hésitation du trait, assez fréquents sous les Ts'ing, elle a cependant conservé assez bien le caractère des vieilles peintures monochromes de l'époque des Song. Il y manque sans doute la puissance à laquelle nous sommes accoutumés chez les maîtres de cette époque; mais, telle quelle, elle constitue, en somme, une bonne réplique et elle nous montre que l'ancienne tradition était encore connue, aimée et comprise. Cela nous aide à accepter avec plus de sécurité encore la révélation que nous apportait l'œuvre de Wang Kouen.

3.

Une petite peinture appartenant à M. V. Goloubew [2]) nous montre d'autre part ce qu'était le style des peintres de paysage au XVIIIe siècle. Elle représente deux pins entrecroisés.

Ce motif paraît dériver de celui des arbres d'amour qui s'entrecroisent ou se soudent l'un à l'autre [3]).

A gauche et en bas on trouve l'indication «Peint par Yu Tche-ting dont l'appellation est Chang-ki» 上吉禹之鼎畫. Le premier sceau répète le nom Yu Tche-ting; le second porte l'appellation Chen-tchai 慎齋.

Yu Tche-ting était originaire de Kiang-tou 江都 c'est-à-dire de la ville préfectorale de Yang-tcheou fou 楊州 dans la province de Kiang-sou. Il fut l'ami de l'érudit Tchou Yi-tsouen 朱彝尊 (1629—1709). Il dut mourir en 1702, d'après une notice de Yen Yu-chouen 嚴虞惇 inscrite sur un tableau qui fut sa dernière œuvre [4]).

Il commença par étudier à l'école de Lan Ying 藍瑛 [5]), mais ensuite il s'initia à l'art des Song et des Yuan et se fit un style original [6]).

Il est intéressant de trouver ici une méthode de dessin qui présage celle d'Hokusai,

---

1) Cf. *Houa che houei yao*, chap. IV, p. 23 v°.
2) N° 33 du Catalogue sommaire. V. Planche XLII.
3) Voyez à ce sujet l'étude de Laufer (*Chinese Grave-sculptures of the Han period*, notamment p. 16—17 et fig. 8).
4) Cf. le *Yang li kouan kouo yen siu lou* de Lou Sin-yuan, chap. XIV, p. 14 r°—15 r°.
5) Cf. Hirth, S. F. C. N. B., p. 137.
6) Nous possédons de Yu Tche-ting les œuvres suivantes:
I. — Dans le *Chen Tcheou kouo kouang tsi*:
Fascicule 4: Portrait de Wang Che-tcheng 王士正 daté de l'année 1700.
Fascicule 7: Portrait de Wou Wei-Ye 吳偉業.
Fascicule 8: Portrait de Wan Yen 萬言 daté de 1696.
Fascicule 18: Portrait de la femme peintre Tong Siao-yuan 董小宛 daté de 1701.
II. — Dans le *Tchong kouo ming houa tsi*:
Fascicule 7: Paysage d'hiver où l'on voit un homme monté sur un âne et cherchant des branches de prunier en fleurs; daté de 1701.
Fascicule 9: Un lettré dans son jardin; daté de 1685.

au Japon, un siècle plus tard. A ce titre la peinture de Yu Tche-t'ing constitue un document sur lequel il convenait de s'arrêter un instant. On peut regretter que, page de croquis, plutôt que peinture, elle ne nous dise rien d'une ordonnance plus large du paysage qui, sans doute, aurait multiplié les points de contact entre les réalistes japonais de la fin du XVIII siècle et les peintres chinois du début de ce même siècle.

Nous avons la bonne fortune d'avoir, pour la dynastie Ts'ing, un exemple de ce que fut au XVIIIe siècle la peinture de la figure. Un tableau de la collection Goloubew [1]) représente un personnage assis, vêtu d'une robe verdâtre et coiffé d'un bonnet blanc; il tient la main droite sur la boucle de sa ceinture et repose sa main gauche sur sa cuisse. En haut on lit l'éloge suivant:

« D'une manière vaste son inspiration parfaite s'associe à la voie et à la justice; comme les trois respectables [2]) hommes bons [2]) il est une règle et une loi pour dix mille générations. Sa sainteté ne peut être connue et c'est pourquoi on l'appelle divine; en remontant jusqu'à l'antiquité et en venant jusqu'aux temps présents, sa glorieuse influence surnaturelle embrasse tout. Comme le soleil au milieu du ciel, son éclat illumine les dix mille formes; grand est le fils du Ciel, sa sincérité parfaite est sans fin.

Éloge écrit avec respect par Tchang P'ong-ho ».

浩然正氣配乎道義。伯仲三仁綱常萬世。聖不可知乃謂之神。往古來今聲靈彌綸。日在天中光照萬儀。大哉天子至誠無息。
張鵬翮謹贊。

De la teneur même de ce texte il paraît résulter que le personnage ici représenté est un fils du Ciel, c'est-à-dire un empereur; ce pourrait être Lieou Pei [4]) 劉備 le fondateur de la dynastie des Han du pays de Chou, l'ami du non moins célèbre Kouan Yu ou Kouan ti.

Quant à Tchang P'ong-ho [5]) qui signe cette notice, c'est un personnage fort bien connu. Originaire de Souei-ning 遂寧 dans la province de Ssen-tch'ouan, il a vécu de 1649 à 1725. Nous possédons de lui une intéressante relation du voyage [6]) qu'il écrivit en 1688 lorsqu'il accompagna à la frontière russe la mission diplomatique dont faisait aussi partie le père Gerbillon.

Tchang P'ong-ho doit être apparenté au peintre Tchang P'ong-tch'ong [7]) 張鵬翀 appellation T'ien-fei 天飛 surnom Nan-houa 南華 qui fut reçu docteur en 1727.

1) N° 30 du Catalogue sommaire. V. Planche XLIII.
2) D'après le Li ki tchap T'an kong, trad. Couvreur, p. 156—157) on appelle 伯 ou 仲 l'homme qui a cinquante ans.
3) Les trois hommes bons 三仁 sont, d'après le Louen Yu (chap. XVIII, 1), le vicomte de Wei, le vicomte de Ki et Pi-kan qui tentèrent vainement de corriger le dernier souverain de la dynastie Yin.
4) Cf. Giles, Biographical Dictionary, n° 1338.
5) Cf. Giles, id., n° 95.
6) Le fong che ngo lo ssen hing tch'eng lou 奉使俄羅斯行程錄 se trouve dans le recueil intitulé Chouo ling (Bib. nat., nouv. fonds chinois, n° 116).
7) On verra une œuvre de ce peintre dans le fascicule 11 du Chen tcheou kouo kouang tsi.

La peinture reste anonyme, mais, grâce à la notice, nous savons qu'elle appartient aux premières années du XVIIIᵉ siècle.

Elle nous montre le style surchargé et torturé de cette époque, qui, pour arriver à l'expression, déforme les traits, accuse les gestes, leur donnant un aspect qui veut être terrible et qui, parfois dans les œuvres d'artisans, va jusqu'à la caricature. La notice d'un personnage tel que Tchang P'ong-ho nous donne la certitude que cette œuvre était tenue dans une certaine estime à l'époque où ce lettré y ajoutait l'éloge du personnage représenté.

Si l'on compare cette peinture à la beauté respirant une pivoine de la collection Goloubew et au portrait de prêtre de la collection Rivière, on verra combien était profonde la décadence, sous les Ts'ing. Si, par delà les œuvres des Song, on la compare enfin au style grandiose du Lu Tong-pin de T'eng Tch'ang-yeou, on verra que, malgré un effort évident pour revenir à cette superbe ordonnance, dans l'art du portrait remis en honneur par les artistes des Ming, les peintres des Ts'ing ne parviennent pas au niveau de leurs devanciers.

4.

Une œuvre de la collection Bouasse-Lebel [1]) nous renseigne ensuite sur un peintre du milieu du XVIIIᵉ siècle. Elle représente deux oies parmi des roseaux.

On lit en haut à gauche: «Pien Cheou-min a tracé ceci à l'encre en s'amusant» 邊壽民戲墨; au-dessous, un sceau portant le nom Cheou-min 壽民.

Dans le fascicule 14 du *Tchong kouo ming houa tsi*, deux peintures du même artiste représentent chacune une douzaine de canards parmi des roseaux; l'une d'elles est datée de la sixième année K'ien-long (1741); nous reporterons donc à l'année 1744 une autre peinture de Pien Cheou-min datée de l'année kia-tseu et représentant deux oies et des roseaux (*Chen tcheou kouang tsi*, fasc. 9). On voit ainsi que ce peintre florissait dans la première moitié du dix-huitième siècle, et il faut rectifier Hirth [2]) qui le place à la fin du dix-huitième ou au commencement du dix-neuvième siècle. Hirth (en regard de la p. 39) a reproduit une peinture de canards et de roseaux signée «Pien Cheou-min, le maître qui vit retiré parmi les roseaux» 葦間居士邊壽民.

Pien Cheou-min avait pour appellation Yi-kong 頤公; il était originaire de Houai-ngan 淮安 (dans la province de Kiang-sou). Il a porté aussi le nom personnel de Wei-k'i 維祺 et l'appellation de Tsien-seng 漸僧. Un poète moderne Tcheng Pan-k'iao 鄭板橋 a loué en ces termes ses peintures d'oies et de roseaux:

«Les oies peintes sont si vivantes qu'elles paraissent crier; sur la soie (du tableau) on entend le bruit des roseaux agités par le vent.

Au bout du pinceau, quelle limite arrêterait le froid de la bise d'automne?[3])

---

1) Cette peinture a été omise dans le Catalogue sommaire. V. *Planche XLIV*.
2) *Some Chinese painters of the present Dynasty*, p. 40.
3) C'est-à-dire que l'extrémité du pinceau du peintre s'échappe sans obstacle le froid du vent d'automne, car les oies sauvages évoquent l'idée de l'automne et en font sentir, par l'imagination, la bise glaciale.

On ressent toutes les impressions de la séparation aux montagnes de la frontière¹)».

Cette peinture déploie la même technique que celle de Sseu-ma Tchong analysée plus haut. Elle est exécutée en monochrome et l'on doit convenir qu'elle montre une hardiesse et une vigueur bien supérieures à la première. Cependant, on peut aussi lui faire le reproche d'une habileté trop grande qui nuit à la fermeté du dessin et à l'analyse des formes. C'est une œuvre séduisante et facile, dans laquelle la mauvaise habitude qu'avaient les peintres des Ts'ing d'adopter un papier épais et qui buvait l'encre donne cet aspect un peu tremblé et mou à des encrages qui, chez les anciens maîtres, eussent été accusés et violents.

5.

Nous pourrions ainsi trouver chez les Ts'ing une habileté superficielle et trop vite acquise si l'exposition du Musée Cernuschi n'avait mis sous nos yeux des peintures de la même époque et d'un tout autre ordre. L'une d'elles²) représentait un buisson de pivoines en fleurs sur un rocher dans l'infractuosité duquel poussé une touffe d'iris. Elle est accompagnée de ces mots:

«Vapeurs colorées de l'aurore au printemps sur les bords de la rivière Lo: poudre d'or du pavillon de jade rouge» 洛浦春霞。瓊樓金粉。

On veut donner à entendre que les pivoines en fleurs sont comparables, d'une part aux lueurs de l'aurore printanière qui se reflète dans l'eau de la rivière Lo, d'autre part au fard, c'est-à-dire à la beauté de la Si wang mou, habitante d'un palais en pierre précieuse.

Plus à gauche, le peintre a signé et daté son œuvre: «L'année keng-wou, le dernier mois du printemps, mis en couleur dans la résidence Ts'ing-houa. Wou Meou». 庚午春暮清華館點色。吳枡。

Ce Wou Meou avait pour appellation Tch'ao-ying 朝英 ou encore Yi-ts'iuan 逸泉; il était originaire de Wou-si 無錫 (province de Kiang-sou). D'après la place qui lui est assignée dans le *Houa che houei tchouan*, il devrait encore avoir exercé son activité au commencement du règne de K'ien-long; la date exprimée sur cette peinture est donc vraisemblablement l'année 1750.

---

1) C'est en automne qu'on envoyait les troupes faire la relève des postes cantonnés dans le nord; un paysage d'automne suggère donc par association d'idées les sentiments mélancoliques de la séparation à la frontière. Cette poésie est citée dans le fascicule 9 du *Chen tchen koue kouang tsi*; en voici le texte:

Ligne 1: 書雁分明見雁鳴
Ligne 2: 纖細颯颯荻蘆聲
Ligne 3: 筆頭何限秋風冷
Ligne 4: 盡是關山離別情。

2) Collection de M. Golouhew, n° 1 du Catalogue sommaire. V. *Planche XLV*.

On retrouve ici un peu de cette tendance si accusée sous les Ming à surcharger la composition, mais aussi une science profonde et un art tout entier présent. Les fleurs sont dessinées avec fermeté, le feuillage est magnifique de souplesse et de naturel. Les rochers, relevés de pointes de mousses tracées au procédé antique, se dressent sur le sol, avec un caractère capricieux qui ne leur enlève rien de leur apparence monumentale. A la grâce des fleurs lourdes et puissantes s'oppose une tonalité sombre régnant tout entière sur l'ensemble du tableau. On y sent le reflet direct des grands maîtres des Song et l'on y trouve une vision qui égale celles du passé.

6.

Une grande peinture, appartenant à M. Worch [1]), évoquait d'autre part le souvenir du style brillant de l'époque des Ming. Elle représentait un couple de faisans, perchés sur des rochers, sous un magnolia en fleurs et parmi des fleurs de pivoine.

En haut et à droite on lit: «en l'année kia-siu, le septième mois, peint dans ma maison de campagne de la montagne Wou [2]), (signé) Tchang Cheng» 甲戌蘭秋寫于吳山別業韋聲. Sur les cachets on lit: «Sceau de Tchang Cheng» 韋聲之印 et l'appellation du peintre «Tseu-hao» 子鶴.

La date ici exprimée est vraisemblablement l'année 1754. Tchang Cheng était le fils de Tchang Kou 韋谷 (appellation Yen-tsai 言在 surnom Kou-yu 古愚 originaire de Jen-ho 仁和 c'est-à-dire de Hang-tcheou), qui fut lui-même un peintre réputé dans les premiers temps de la dynastie mandchoue [3]).

L'aisance et la facilité de l'époque des Ming s'y retrouvent, mais aussi leur habileté à évoquer des compositions un peu chargées dans lesquelles ils se meuvent à l'aise. Les fleurs de magnolia, aux divers degrés de leur épanouissement, sont analysées avec un esprit d'observation et un sens du naturel un peu méticuleux peut-être, mais plein de charme. Il en est de même pour les fleurs de pivoines. Et le faisan mâle qui se rase sur le rocher, déployant son plumage superbe dont le peintre a traversé le centre même du tableau, ajoute à l'ensemble un effet d'une richesse un peu théâtrale, mais dont la conception dévoile un véritable artiste. Avec ses défauts et ses qualités, cette œuvre nous permet de nous faire une idée de la vitalité que gardait encore l'art de la peinture en Chine au milieu du XVIIIe siècle. On s'explique que ses maîtres aient pu donner l'élan à de nouvelles écoles au Japon et qu'elle ait fait rayonner alors son influence comme aux temps les plus glorieux du passé.

Enfin, la dernière peinture [4]) à laquelle nous nous attacherons nous met en présence d'une technique qui excita l'admiration en Chine, et qui, à défaut de grandes qualités artistiques, constitue un tour de force. C'est un panneau qui faisait vraisem-

---

1) No 10 du Catalogue sommaire. V. *Planche XLVI*.
2) La montagne Wou est au sud de la ville de Hang-tcheou, dans le Tchö-kiang.
3) Cf. *Houa che houei yao*, chap. XXX, p. 3 v°.
4) Collection de M. Bouasse-Lebel. Cette peinture a été omise dans le Catalogue sommaire. V. *Planche XLVII*.

blablement partie d'une série de quatre peintures représentant deux par deux les huit immortels. Nous avons ici Li T'ie-kouai avec sa béquille de fer et Lan Ts'ai-ho dont l'attribut est un panier de fleurs. Le peintre qui se nomme Fou Wen[1]) 傅雯 avait pour appellation K'ai-t'ing 凱亭; il était originaire des environs de la montagne Lu 閭 ou Yi-wou-lu 醫無閭, dans le sud-ouest de la province mandchoue de Cheng-king; il vivait au dix-huitième siècle; il est connu pour ses peintures exécutées non avec le pinceau, mais avec le doigt; il avait, dans cette spécialité, pris pour modèle Kao K'i-p'ei[2]) 高其佩.

A gauche et en haut de la peinture on lit: «Peint au doigt par Fou Wen, l'observateur des dhûta, K'ai, de la montagne Lu» 閭山凱頭陀傅雯指畫.

La montagne Lu est le lieu d'origine de Fou-wen; K'ai est l'abréviation de l'appellation K'ai-t'ing; enfin le terme t'eou-t'o désigne les bouddhistes qui, sans être entrés dans les ordres, s'astreignent à pratiquer les douze observances appelées dhûta.

Le Musée du Louvre possède, dans le fonds qui lui a été procuré par M. Pelliot, un tableau de Fou Wen, exécuté d'après le même procédé et représentant un homme qui joue de la pierre sonore[3]).

La peinture au doigt était exécutée, à l'époque des Ts'ing, sur ce papier que beaucoup de peintres ont préféré, à ce moment, à tout autre et qui a la faculté de boire l'encre ou la couleur étendue d'eau, à mesure qu'elle est posée. Nous avons vu que le résultat en est un aspect mou et baveux du trait: il perd cette belle vigueur, cette précision que les anciens maîtres avaient tant recherchées. Dans la peinture au doigt ce défaut est plus accusé encore. Le dessin peut ne pas manquer d'un certain esprit; une habileté indiscutable peut se manifester: ce sont des virtuosités inutiles et qui éloignent du domaine de l'art. Leur prédominance montre que, malgré tout, des éléments profonds de décadence se faisaient jour.

Si nous rassemblons les divers éléments de ce chapitre nous constatons que l'état de la peinture sous la dynastie des Tartares-Mandchous nous apparaît comme bien différente de ce que l'on croyait généralement. Sans doute la décadence est certaine. L'influence d'une peinture académique, d'une part, la faiblesse de la technique et de l'observation, de l'autre, amènent un fléchissement profond. Malgré cela, cependant, de grands peintres se manifestent; certains d'entre eux, au début du XVIIIe siècle, peuvent aller fonder au Japon de nouvelles écoles; de ce mouvement qui, retournant aux sources, essayait de renouveler la tradition des Ming ou des Song, nous avons eu ici deux excellents exemples. Ils doivent suffire à montrer qu'il convient d'étudier avec moins de parti pris et d'idées préconçues l'histoire de la peinture moderne et contemporaine en Chine, car elle est encore vivante; son œuvre se poursuit sous nos yeux.

---

[1] Cf. *Houa che houei tchouan*, chap. LII, p. 26 v°.
[2] Cf. Hirth, p. 30-31.
[3] Cf. *T'oung pao*, 1904, p. 322.

CONCLUSION

S'il nous est permis d'ajouter quelques mots à cette étude, nous nous excuserons tout d'abord d'avoir insisté sur l'intérêt archéologique des œuvres examinées et de nous en être tenus à un choix limité qui laisse de côté bon nombre des matériaux que nous avons eus sous les yeux. Nous avons cru qu'une semblable limitation était nécessaire; plutôt qu'une étude générale qui se fût ajoutée à bien d'autres, un examen précis et détaillé de documents sûrs devait être, dans l'état actuel, beaucoup plus utile. Nous sommes encore au début de notre connaissance de l'Extrême-Orient; des pièces de comparaison bien déterminées, offrant des points de repère précis dans une histoire complexe que nous commençons à peine à explorer, donneront à tous ceux qui s'intéressent à la peinture chinoise des moyens d'analyse qui n'ont que trop manqué jusqu'ici. Au moins possédera-t-on désormais quelques peintures bien datées auxquelles on pourra comparer des œuvres incertaines et autour desquelles pourront se grouper des tableaux qui, soit dans les Musées, soit dans les collections privées, commencent à constituer en Europe des matériaux dont le classement s'impose. Si l'outil de travail que nous essayons de mettre entre les mains des amateurs et des érudits pouvait comporter une utilité durable, nous nous trouverions amplement récompensés de l'effort nécessité par une entreprise qui n'était pas exempte de difficultés.

INDEX DES NOMS PROPRES CHINOIS ET JAPONAIS CITÉS DANS LE TEXTE OU DANS LES NOTES.

Chan-houei 山輝 voir Wang Kouen 53.
Chang-ki 上吉 voir Yu Tche-ting 55.
Che-lin 石林 31.
Chen Tcheou 沈周 40.

Fou Wen 傅雯 60.

Han Kan 韓幹 36, 37.
Han Yu 韓愈 27.
Heng-chan 衡山 voir Wen Tcheng-ming 47, 48.
Hi-tsong 僖宗 11.
Houang Kiu-pao 黃居寶 11.
Houang Kiu-ts'ai 黃居寀 11, 54, 55.
Houang Tao-tcheou 黃道周 48, 49.
Houang Tch'ao 黃巢 11.
Houang Ts'iuan 黃筌 11, 54.
Houei-tsong 徽宗 20, 21, 22, 23.

Je-kien 日堅 voir Wang Che 53.

K'ai-t'ing 凱亭 voir Fou Wen 60.
K'ang-hi 康熙 5.
Kao K'i 高啟 36.
Kao K'i-pei 高其佩 60.
Kao Tsong 高宗 3.
Kano Motonobu 狩野元信 31, 47.
Kano Tan-sin 狩野探信 31.
Ki-ti 李迪 voir Kao K'i 36.
K'ieou Tch'ou-ki 邱處機 11.
King-tchao 景昭 voir Pien Wen-tsin 45.
Kocé no Kanaoka 巨勢の金岡 10.
Kou K'ai-tche 顧愷之 9, 12, 13, 18, 19.
Kou-yu 古愚 voir Tchang Kou 59.
Kouan ti 關帝 voir Kouan Yu 56.
Kouan Yu 關羽 56.

Kouo Chou-sien 郭恕先 voir Kouo Tchong-chou 6.
Kouo Tchong-chou 郭忠恕 5, 6.

Lan Ts'ai-ho 藍采和 60.
Lan Ying 藍瑛 55.
Li Hiao-pin 李孝斌 2.
Li Hou 李虎 2.
Li Ping 李昞 2.
Li Po 李白 27.
Li Sseu-hiun 李思訓 2, 8, 9, 16.
Li Tchao-tao 李昭道 2, 3, 5, 7, 8, 9, 10, 12, 16, 18, 19.
Li Ti 李迪 25.
Li T'ie-kouai 李鐵拐 60.
Li Yi 李禕 2.
Li Yu 李漁 7, 28.
Lieou Pei 劉備 56.
Lo Pin-wang 駱賓王 36.
Lou Tchao-lin 盧照鄰 36.
Lu Ki 呂紀 46.
Lu Tong-pin 呂洞賓 10, 12, 13, 14, 18, 51, 57.

Ma Kouei 馬貴 30, 32.
Ma Lin 馬麟 8, 30.
Ma Yuan 馬遠 30, 32.
Mei-kong 眉公 voir Tch'en Ki-jou 48.

Nan-t'ien 南田 voir Yun Cheou-p'ing 49.
Nan Houa 南華 voir Tchang P'ong-tchong 56.
Ngeou Yang-siun 歐陽詢 3, 6.

Pi 璧 voir Wen Tcheng-ming 47.
Pien Cheou-min 邊壽民 57.
Pien Wen-tsin 邊文進 45.

Sie Houei 謝徽 36.
Sieou-kou 緇谷 55.
Siu Hi 徐熙 22.
Siu Pen 徐賁 36.
Song Yu 宗玉 4.
Sou Song 蘇頌 27, 28.
Souen Yang 孫陽 36.
Sseu-ma Kouang 司馬光 20.
Sseu-ma Tchong 司馬鍾 55, 58.

T'ai Tsong 太宗 3.
T'ang Yin 唐寅 50, 51.
Tchang Cheng 章聲 59.
Tchang Kou 章谷 59.
Tchang Pi 張弼 37, 38.
Tchang P'ong-ho 張鵬翮 56, 57.
Tchang P'ong-tch'ong 張鵬翀 56.
Tchao Fong 趙鳳 42.
Tchao Mong-fou 趙孟頫 9, 30, 33, 34, 35, 36, 37, 38, 39, 40, 41, 43, 47, 48, 49.
Tchao Yong 趙雍 41.
Tchao Hiun 巢勳 28.
Tch'ao-ying 朝英 voir Won Meou 58.
Tch'en Ki-jou 陳繼儒 48.
Tch'en Pang-yen 陳邦彥 5.
Tcheng Pan-k'iao 鄭板橋 57.
Tcheou Lien-k'i 周濂溪 voyez Tcheou Touen-yi 25.
Tcheou Touen-yi 周敦頤 26, 28.
Tcheou Yi-kong 周益公 26, 28.
Tchong Yin 鍾隱 11.
Tchou Yun-ming 祝允明 41.
Tch'ou-ki 處機 voyez K'ieou Tch'ou-ki 10.
T'eng Tch'ang-yeou 滕昌祐 10, 11, 12, 14, 16, 18, 51, 57.
T'ien-fei 天飛 voir Tchang P'ong-tch'ong 56.
T'ing-tchen 廷振 voir Lu Ki 46.

Tou Fou 杜甫 3, 5, 27.
Tou Mou 都穆 27.
Ts'ai King 蔡京 20.
Tseu-si 子西 voir Ts'ouei Po 17.
Tsien-seng 漸僧 voir Pien Cheou-min 57.
Ts'ien Siuan 錢選 30, 33, 34, 39.
Ts'ouei Po 崔白 17, 19, 21, 23, 24.

Wang Che 王石 53.
Wang Che-hi 王士熙 5.
Wang Chen 王詵 22, 23, 24.
Wang Kouen 王琨 53, 54, 55.
Wang Ngan-che 王安石 20.
Wang Po 王勃 36.
Wang Tsin-k'ing 王晉卿 voyez Wang Chen 22.
Wang Wei 王維 8, 9, 18, 35, 47.
Wang Yuan 王淵 42, 43.
Wang Yun-yeou 王雲尤 53.
Wei-k'i 維祺 57.
Wei Tcheng 魏徵 3.
Wen Kouei-ho 文貴河 47, 48.
Wen Tcheng-ming 文徵明 40, 47, 49.
Wen T'ong 文同 23.
Wou Meou 吳枅 58.
Wou Tao-tseu 吳道子 12, 13.
Wou Yuan-yu 吳元瑜 17, 19, 21.

Yang Ki 楊基 36.
Yang K'iong 楊絅 36.
Yen Tcheu-k'ing 顏真卿 6.
Yen-tsai 音在 voir Tchang Kou 59.
Yi-kong 頤公 voir Pien Cheou-min 57.
Yi-ts'iuan 逸泉 voir Wou Meou 58.
Ying-tsong 英宗 22.
Yu Sin 庾信 4.
Yu Tche-ting 禹之鼎 55, 56.
Yun Cheou-p'ing 惲壽平 49.

INDEX DES LIVRES CHINOIS CITÉS DANS LE TEXTE OU DANS LES NOTES.

(Pour les livres dont les titres ont été indiqués dans le texte avec les caractères chinois,
un astérisque renvoie à la page où ces caractères sont donnés.)

Che king 詩經 36.
Chouo ling 說鈴 56.
Chen tcheou kouo kouang tsi 神州國光集 17, 33, 40, 50, 55, 57, 58.

Houa che 畫史 12.
Houa che houei tchouan 58, 60. Voyez Li tai houa che houei tchouan.
Houa che houei yao 23*, 42, 55, 59.
Houa ki 23*.

Jang li kouan kouo yen siu lou 穰梨館過眼續錄 55 (où, par suite d'une faute d'impression, le premier mot de ce titre est transcrit Yang).

Kie tseu yuan houa tchouan 6*, 8, 11, 28.
Kin che ts'ouei pien 金石萃編 2, 6, 20.
Kin hie lin lang 27*.
Kouo tch'ao houa che 國朝畫識 53.

Li ki 禮紀 56.
Li tai houa che houei tchouan 歷代畫史彙傳 11, 23, 43, 53.
Li tch'ao ming houa kong chang tsi 歷朝名畫共賞集 48.
Louen yu 論語 56.

Ming chan ts'ang 46, 48*.

Ming che 明史 36.
P'ei wen tchai chou houa p'ou 佩文齋書畫譜 46.
Si hou tche 西湖志 31.
Siuan ho houa p'ou 12, 23*.
Song che 宋史 23, 26, 27.
Tao k'ing tsi 23*.
Tao tö king 道德經 2.
T'ang chou 唐書 2.
Tcheou li 周禮 2.
Tchong kouo ming houa tsi 中國名畫集 33, 42, 48, 51, 55, 57.
Tou chou min kieou ki 讀書敏求記 12 (où le second caractère est transcrit par erreur houa).
T'ou chou tsi tch'eng 圖書集成 37.
T'ou houei pao kien 12, 23*, 42.
Ts'ien tseu wen 48*.
Tsin chou 晉書 4.
Ts'iuan T'ang che 全唐詩 3, 27, 37.
Yi tcheou ming houa lou 益州名畫錄 12.
Yo siue leou chou houa lou 擷雪樓書畫錄 23.
Yu ting li tai t'i houa che lei 5*.
Yu (seu chan tsi 庾子山集 4.

ERRATA.

Page 25, ligne 4 des notes: *au lieu de:* Kano Tishen, *lisez:* Kano Eishin.
Page 37, note 8: *au lieu de:* cf. p. 35, n. 6, *lisez:* cf. p. 36, n. 7.

CATALOGUE SOMMAIRE

DES PEINTURES CHINOISES

EXPOSÉES AU MUSÉE CERNUSCHI

EN AVRIL--JUIN 1912

RÉDIGÉ PAR

H. D'ARDENNE DE TIZAC et V. GOLOUBEW

PEINTURE SUR SOIE

1. *Iris violets et pivoines blanches, roses, violettes et rouges, près d'un rocher.* Dimensions: 146 × 081. Signé à gauche, en haut: *Wou Meou*.

[Nous ne possédons pas de renseignements sur ce maître. Son savoir, délicat, mais facile, trahit une époque relativement tardive.]

(Collection de M. Victor Goloubew)

PEINTURE SUR SOIE

2. *Pivoines blanches et rouges, et papillons.* Dimensions: 135 × 059.

[Epoque Ming.]

(Collection de M. Lucien Henraux)

PEINTURE SUR SOIE

3. *Pivoines blanches et rouges dans un panier.* Dimensions: 058 × 050.

[Epoque Ming.]

(Collection de M. Victor Goloubew)

PEINTURE SUR SOIE

4. *Pivoines blanches et rouges, et papillons.* (Pendant du n° 2.) Dimensions: 135 × 059.

[Epoque Ming.]

(Collection de M. Lucien Henraux)

PEINTURE SUR SOIE

5. *Pivoines blanches, roses, violettes et rouges, autour d'un rocher.* Dimensions: 163 × 103.

[Style de l'époque Song.]

[Le métier rappelle celui des peintures 39 et 40, attribuées à Li Ti (XIIe s.). Les couleurs sont vigoureuses et opaques, le dessin est ferme et sévère. Toutefois, l'exécution du rouleau doit être postérieure aux Song.]

(Appartient à M. Worch)

PEINTURE SUR SOIE

6. *Deux hérons blancs sous un arbre aux fleurs rouges; oiseaux divers.* Dimensions: 100 × 060.

[Style de l'époque Yuan.]

(Collection de M. Raphaël Petrucci)

PEINTURE SUR SOIE

7. *Deux pigeons, rocher et fleurs.* Dimensions: 102 × 050.
    Signé à gauche: *Ts'ien Siuan.* Deux cachets.
    [Style de l'époque Song.]
    (Collection de M. Raphaël Petrucci)

PEINTURE SUR SOIE

8. *Grands lotus roses et blancs, sous lesquels nagent deux canards.* Dimensions: 140 × 087.
    [Époque Song.]
    [Les blancs et les roses furent peut-être renforcés ultérieurement.]
    (Collection de M. Henri Vever)

PEINTURE SUR SOIE

9. *Rocher, fleurs et champignon au bord de l'eau.* Dimensions: 124 × 060.
    [Époque Ming?.]
    (Appartient à M. Léonce Rosenberg)

PEINTURE SUR SOIE

10. *Couple de faisans dorés sur un rocher, parmi des pivoines, sous un arbre à fleurs blanches.* Dimensions: 172 × 097 ½.
    Signé en haut, à droite: *Tchang Cheng* (appellation: *Tseu ho*).
    Deux cachets.
    [XVIIIe siècle.]
    (Appartient à M. Worch)

PEINTURE SUR SOIE

11. *Couple de faisans sur un rocher, parmi des fleurs, auprès d'un cours d'eau; deux oiseaux noirs aux ailes blanches volent dans le haut, à gauche.* Dimensions: 129 × 105. XVIe siècle.
    Signé en haut, à droite: *Lu Ki.*
    [Il est probable que cette signature est l'appellation de Wang Tch'ong, artiste de l'époque Ming, dont le surnom était Ya yi chan jen.
    (Cf. *La Peinture Chinoise au Musée Guimet*, p. 70, et *P'ei wen tchai chou houa p'ou*, chap. LVI, p. 13; voir aussi *Catalogue de Peintures chinoises anciennes de la Collection de Mme Langweil*, Paris, 1911, p. 10.]
    (Collection de Mme la Comtesse de B...)

PEINTURE MONOCHROME SUR SOIE

12.   *Un cerf tourne brusquement la tête vers un petit singe, accroché à la branche d'un arbre.* Dimensions: 170 × 080. Signé en haut, à droite: *Wou Song.*

[Le mouvement de l'animal fait songer à une peinture attribuée à Li Long-mien, qui se trouve actuellement au Japon. Cf. *Kokka*, fasc. 41.]

(Appartient à M. Charles Vignier)

PEINTURE SUR SOIE

13.   *Sous un pin, un tigre à robe jaune se retourne dans un mouvement sauvage.* Dimensions: 120 × 072.

[Epoque Tsing.]

[Le sujet, tel qu'il se présente ici, serait désigné par un critique chinois comme «le rugissement du tigre dans la forêt de pins».]

(Collection de M. Victor Goloubew)

PEINTURE SUR SOIE

14.   *Deux pies, perchées sur un pin, crient vers un cerf à robe tachetée de blanc, qui se profile sur un rocher bleu, parmi des champignons et des fleurs; à gauche, en haut, volent deux chauves-souris.* Dimensions: 135 × 100.

[Le métier dénote un artiste du XVIIIe siècle. Le choix et l'interprétation des fleurs (chrysanthèmes) se ressentent d'une influence japonaise. Le motif des pies, juchées sur un pin, se retrouve dans une peinture murale de Kano Motonobu. Cf. Raphaël Petrucci, *La Philosophie de la Nature dans l'Art d'Extrême-Orient*, pl. XII.] [1])

(Collection de M. Victor Goloubew)

PEINTURE SUR SOIE

15.   *Groupe de trois tigres auprès d'un pin, sur le tronc duquel se tiennent deux singes.*

(Appartient à M. Charles Vignier)

PEINTURE SUR SOIE

16.   *Le tigre dans la forêt de pins.* Dimensions: 165 × 105. Signé à droite: *T'ao Yi.* Un cachet.

[Epoque Tsing.]

(Appartient à M. Worch)

---

1) Les pies et les chauves-souris représentent le bonheur; le cerf, les champignons et le pin, la longévité [Note communiquée par M. Petrucci].

PEINTURE SUR SOIE

17. *Sous un arbre à fleurs rouges se tient un héron blanc, à demi caché par une feuille de lotus aux bords rongés.* Dimensions : 098 × 038.

[Style de l'époque Yuan.]

(Collection de M. Stoclet)

PEINTURE SUR SOIE

18. *Un groupe de trois personnages, dont une femme sur un mulet, débouche d'une gorge rocheuse aux tons verts et bleus. Au-dessus de la peinture on lit une longue inscription dorée sur soie bleue.* Dans le bas, à gauche, un cachet.

[A rapprocher de certaines œuvres de Chang-Lu, notamment d'un petit paysage où se trouve représenté Toung Fang-so, avec un cerf et une grue, et qui appartient au Shunko-in. Cf. Tajima, *Selected Relics of Japanese Art*, vol. XV, pl. 24.]

(Appartient à M. Charles Vignier)

PEINTURE SUR SOIE

19. *Deux grues blanches, à tête rouge, auprès de bambous.* Dimensions : 041 × 051.

[Style des Song, exécution postérieure à cette époque.]

(Collection de M. Victor Goloubew)

PEINTURE SUR SOIE

20. *Sous des pins, deux personnages, sans doute originaires du Turkestan, encadrent un lion retenu par une chaîne fixée à terre, et dont la patte gauche est posée sur une boule rouge à dessins géométriques.* Dimensions : 084 × 134. Signé à gauche, cachets en haut, à droite et à gauche.

[Époque Ming? Probablement interprété d'après un modèle vivant, à en juger sur l'apparence naturaliste du lion.]

(Collection de M. Léonce Rosenberg)

PEINTURE SUR SOIE

21. *Pivoines blanches et roses sous un grand arbre en fleurs.* Dimensions : 182 × 082.

[Style de l'époque Ming.]

(Appartient à Mme Langweil)

22.   *Deux canards mandarins sous un grand arbre à fleurs blanches et rouges.* Dimensions: 208 × 089.

[Style de l'époque Yuan.]

(*Appartient à M. Héliot*)

23.   *Deux canards sous un arbre en fleurs aux branches retombantes; plusieurs oiseaux sont perchés sur les branches.* Dimensions: 159 × 098.

[Style de Lu Ki. Cf. peinture n° 25.]

(*Appartient à Mme Langweil*)

24.   *Deux femmes dans un jardin, sous un arbre fleuri.* Dimensions: 057 ½ × 027 ½. Cachet en bas, à gauche.

(*Collection de M. Philippe Berthelot*)

25.   *Deux canards au corps rose, sous un arbre fleuri aux branches retombantes, chargées de neige; quatre oiseaux noirs perchés sur l'arbre.* Dimensions: 186 × 107. Signé en haut, à gauche: *Lu Ki* (début du xvie siècle).

(*Appartient à M. Marcel Bing*)

26.   *Couple d'oiseaux sous un arbre en fleur; deux petits oiseaux sur une branche.* Dimensions: 157 × 045 ½.

[Style de l'époque Song.]

(*Appartient à M. Worch*)

27.   *Trois hérons blancs sous un arbre chargé de neige; divers oiseaux sont perchés sur les branches.* Dimensions: 181 × 084. Pas de signature ni de cachet.

[Fin de l'époque Yuan ou époque Ming? Tajima publie dans le 2e vol. des *Sel. Rel.* une peinture du même style, représentant également des hérons blancs dans un paysage d'hiver et appartenant au temple de Nishi Hongwanji à Kyoto. Il attribue cette peinture à Chan Chung-mu, fils de Chan Mang-tun, né en 1254.]

(*Collection de M. Victor Goloubew*)

PEINTURE SUR SOIE

28. *Phénix, grues, perroquets et oiseaux divers, s'ébattant sous un arbre, auprès d'un rocher.* Dimensions: 106 × 186.

[Style de l'époque Yuan?]

(Appartient à Mme Langweil)

PEINTURE SUR SOIE

29. *Perroquets aux vives couleurs, cacatoès blanc, sur une branche d'arbre fleuri.* Dimensions: 117 × 060. En haut, à gauche, inscription et cachets. En bas, à gauche, inscription et cachets. Peint par Wang Yuan, sur une esquisse de son frère Wang T'ao.

(Collection de M. Lucien Henraux)

PEINTURE SUR SOIE

30. *Portrait d'un empereur de la dynastie Han.* Dimensions: 155 × 087. En haut, une inscription vante les vertus du personnage.

[Époque Ts'ing.]

(Collection de M. Victor Goloubew)

PEINTURE SUR SOIE

31. *Chevaux à l'abreuvoir.* Dimensions: 032 × 151. En bas, à droite, un cachet. A gauche, signature et cachet: *Tseu-nan* (appellation de Tchao Mong-fou).

(Collection de M. Lucien Henraux)

PEINTURE MONOCHROME SUR PAPIER

32. *Un oiseau au crâne blanc, perché sur une branche.* Dimensions: 023 × 037. Inscription en haut, à droite.

[Style de l'École du Sud.]

(Appartient à M. Héliot)

PEINTURE MONOCHROME SUR PAPIER

33. *Deux pins aux troncs croisés.* Dimensions: 029 × 041. Signé à gauche: *Yu Tche-ting* (appellation: Chen-tchai). Deux cachets répètent ce nom et l'appellation (XVIIe ou XVIIIe siècle).

(Collection de M. Victor Goloubew)

PEINTURE SUR SOIE

34.   *Vieillard debout et personnage assis.* Dimensions: 028 × 019. Signature et cachet en bas, à gauche.

[Imitation de Li Long-mien? xvie siècle?]

(Appartient à M. Héliot)

PEINTURE SUR PAPIER

35.   *Portrait de Lu Tong-pin, l'un des huit immortels taoïstes, personnage à l'allure noble, à longue barbe noire.* Dimensions: 192 × 096. Une inscription en haut, à gauche, fait allusion à l'une des révélations de ce personnage surnaturel.

[Cf. le No 47. Il serait osé d'attribuer ce rouleau à un peintre des T'ang; toutefois de nombreux détails, les draperies, l'attitude du personnage, pleine de dignité hiératique et de sérénité, suggèrent des rapprochements avec les compositions sculptées de Long-men... Probablement s'agit-il ici d'une interprétation consciencieuse et recueillie, datant de l'époque Yuan ou du début des Ming d'après une peinture antérieure de quelques siècles. La conception générale est celle d'une œuvre d'édification, de «valeur magique». En n'employant que des teintes dégradées et pâles (t'an) l'artiste suit la tradition de l'Ecole du Sud.]

(Collection de M. Victor Goloubew)

PEINTURE SUR SOIE

36.   *Sept enfants aux visages lumineux cueillent des fruits.* Dimensions: 138 × 082.

[xve ou xvie siècle.]

(Appartient à M. Worch)

PEINTURE SUR SOIE

37.   *Sou Song, duc de Wei, en costume de cérémonie* (xiie siècle). Dimensions: 033 × 029. Légende, en haut, à gauche. Une notice biographique sur papier est encadrée avec la peinture.

[Epoque Song.]

(Collection de M. Victor Goloubew)

PEINTURE SUR SOIE

38. *Une femme respire une fleur.* Dimensions: 074 × 051. Signé: T'ang Yin (début du xvie siècle). Une poésie, tracée en haut, à droite, célèbre le modèle en. vers gracieux.

[Cette pièce n'est probablement que la partie supérieure d'un portrait en pied. Les vers et légendes poétiques, qui accompagnent les peintures de T'ang Yin, sont pour la plupart composés par Wen Tcheng-ming; il est donc probable que dans le cas présent nous devons reconnaître dans ce peintre-poète l'auteur de l'improvisation manuscrite, qui complète la peinture. (Cf. E. Chavannes dans le *Bulletin critique* du *T'oung-pao*, sur le *Tchong koua ming koua tsi*).]

(Collection de M. Victor Goloubew)

PEINTURES SUR SOIE

39 et 40. *Deux massifs de pivoines rouges et blanches, issus d'un rocher.* Dimensions: 151 × 090. Au dos, une attestation japonaise. Attribués à Li Ti (xiie siècle).

[Ces deux Kakemonos ont été acquis directement à la vente du fonds d'objets d'art du temple bouddhiste Higashi Hongwanji, à Kyoto, en juin 1909. Il est écrit au dos: «Deux peintures formant un ensemble, dessins de pivoines par Riteki (traduction japonaise du nom Li Ti¹) avec attestation de Kano Eishin. En l'an 1745, alors que Ko-Shun avait la dignité de Gon-Sōjō, ces peintures ont été remontées à nouveau».]

(Note du possesseur)

(Collection de M. Bouasse-Lebel)

PEINTURE SUR SOIE

41. *Portrait de famille à cinq personnages assis et superposés en deux rangs, vêtus de costumes à couleurs vives.* Dimensions: 141 × 078.

[xvie siècle. Portrait funéraire?]

(Appartient à M. Kalebdjian)

PEINTURE SUR SOIE

42. *Déesses dans un paysage composé d'un rocher et d'arbres grimpants.* Dimensions: 023 × 030.

[Cf. Catalogue Guimet, N° 5. Attribué à Tcheou Wen-kiu, de l'époque des cinq Royaumes (xe siècle). Cette œuvre faisait partie d'un album, dont le peintre Tong K'i-tch'ang (1555-1636) fut le propriétaire.]

(Collection de M. Guimet)

---

1) Li Ti: entre 1080 et 1150 environ; dynastie Song.

PEINTURE SUR SOIE

43.   *Trois hommes présentent un cheval à un personnage assis, entouré d'un groupe; peinture à couleurs grises et à traits nets.* Dimensions: 031 × 120. Signé: *Che K'o*; à droite, inscription et deux cachets; à gauche, inscription et un cachet.

[Il est plus probable qu'il s'agit ici de Wang Che-kou ou Wang Houei, qui vécut de 1632 à 1717 (Cf. Hirth, *T'oung Pao*, 1905, p. 386-387, et Chavannes, *Op. cit.* p. 518), et non du célèbre humoriste des Song. La technique semble influencée par l'étude des œuvres de T'ang Yin et de K'ieou Ying; toutefois la composition dénote une connaissance approfondie des maîtres T'ang et Song.]

(Appartient à M. Marcel Bing)

PEINTURE SUR SOIE

44.   *Paysage aux montagnes abruptes, bleues et vertes, filigranées d'or.* Dimensions: 024 × 034.

[Cf. le N° 9 du Catalogue Guimet. Attribué à Tchao Po-kiu, de l'époque Song. Feuille tirée de l'album de Tong K'i-tch'ang; cf. N° 42.]

(Collection de M. Guimet)

PEINTURE MONOCHROME SUR PAPIER

45.   *Un chat accroupi lève vivement la tête vers un papillon.* Dimensions: 083 × 040. En bas, à droite, un cachet; en haut, à gauche, une inscription et trois cachets dont la lecture donne: *Wou Kou-tcheou* (nom), *T'i-tïng* (surnom) et *Li-tchai* (appellation).

(Appartient à M. Brummer)

PEINTURE MONOCHROME SUR SOIE

46.   *Paysage de montagnes.* Dimensions: 029 × 037. En haut, à gauche, deux cachets; en bas, à droite, plusieurs autres cachets.

(Collection de M. Victor Goloubew)

PEINTURE SUR SOIE

47.   *Grand personnage (immortel?) à longue barbe, debout, aux bras tombants, aux mains rejointes.* Dimensions: 165 × 085; avec l'inscription: 2 × 085. Une légende en onze colonnes, tracée sur papier, surmonte la peinture et l'attribue au peintre T'eng Tch'ang-yeou, contemporain de l'empereur Hi-tsong (874-888), dynastie T'ang.

[Cf. peinture N° 35. Epoque des T'ang. Un portrait d'immortel par Tong Yuan (début des Song) est cité par le *Siuan ho houa p'ou*. Cf. Catalogue Guimet, p. 30.]

(Appartient à M. Worch)

PEINTURE SUR SOIE

48. *Sommets de montagnes vertes, émergeant de nuages stylisés, sous un ciel strié de bandes bleues (fragment).* Dimensions : 084 × 027 1/2. Six cachets. L'un d'eux, de forme ronde, mentionne que la peinture a appartenu à l'empereur Siuan Ho (début du xiie siècle). Un autre se lit : Houei-tsong.

[Peut-être fragment d'une composition plus importante.]

(Collection de M. Victor Goloubew)

PEINTURE SUR SOIE

49. *Deux enfants jouent avec une chauve-souris et une pie.* Dimensions : 053 × 037.

[Epoque Ming ?]

(Collection de M. Alphonse Kann)

PEINTURE SUR SOIE

50. *Le médecin Han Pa-kou, en robe dorée, assisté de deux disciples.* Dimensions : 063 × 048.

[Style de l'époque Yuan ?]

(Collection de M. Henri Vever)

PEINTURE SUR PAPIER

51. *Trois femmes, vêtues de robes aux couleurs vives, assises auprès d'un rocher, lisent et font de la musique.* Dimensions : 028 × 038.

(Collection de M. Philippe Berthelot)

PEINTURE SUR SOIE

52. *Femmes et enfants se promènent et jouent dans un jardin, à la lumière de la lune.* Dimensions : 090 × 049.

[Style de l'époque Ming. T'ang Yin ? Cf. peinture N° 38.]

(Collection de M. Jean Lebel)

PEINTURE SUR SOIE

53. *Temple dans la montagne. Les couleurs sont vives; un rouge garance a persisté; des bleus et des verts minéraux se sont détachés par places.* Dimensions: 036 × 030. Une inscription sur papier, suivie d'un cachet, attribue cette peinture à Li Tchao-tao (début du vIII^e siècle).

[Dynastie T'ang. Cette peinture, par la multitude et le précieux de ses détails, par la richesse des colorations et le soin méticuleux apporté au dessin, est un témoignage particulièrement instructif de ce que put être l'Ecole du Nord à son origine, au temps de Li Sseu-hiun et de son fils Li Tchao-tao.]

(Collection de M. Victor Goloubew)

PEINTURE MONOCHROME SUR SOIE

54. *Deux cormorans dans les roseaux.* Dimensions: 156 × 060. Signé à droite.

[Epoque Song, style de l'Ecole du Sud.]

(Appartient à M. Charles Vignier)

PEINTURE SUR SOIE

55. *Quatre personnages jouent aux dés dans un jardin.* Dimensions: 116 × 073. Huit cachets, distribués par deux, aux quatre coins.

[Epoque Ming?]

(Appartient à M. Kalebdjian)

PEINTURE SUR SOIE

56. *Grands lotus rose-vif, aux larges feuilles nervées; en dessous un canard nageant.* Dimensions: 105 × 053.

[Peinture de l'époque Yuan ou du début des Ming, exécutée dans la manière de Siu Hi (Cf. Tajima, *Op. cit.*, vol. III).]

(Collection de M. Lucien Henraux)

PEINTURE SUR SOIE

57. *Aigle blanc sur son perchoir.* Dimensions: 135 × 087. Grand cachet, au milieu, en haut.

[Dans le caractère des aigles dits «de l'Empereur Houei-tsong». Epoque Ming?]

(Appartient à M. Kalebdjian)

PEINTURE SUR SOIE

58.   *Sur une branche monochrome, rehaussée de points verts, un aigle blanc, aux plumes hérissées, sommeille; un autre, placé au-dessous, lève la tête dans un mouvement sauvage.* Dimensions: 146 × 081. Signature et cachets, en haut, à droite. Titre de la peinture: «Celui qui se repose et celui qui mange». Auteur: Wang Tsin-k'ing. Epoque Song.

[Il s'agit de Wang Chen, appellation Tsin-K'ing, qui vivait au XIe siècle.]

(Collection de M. Victor Goloubew)

PEINTURE SUR SOIE

59.   *Faisans au repos dans un arbre en fleurs.* Dimensions: 146 × 079.

[Epoque Yuan ou commencement de Ming.]

(Appartient à M. Charles Vignier)

PEINTURE SUR SOIE

60.   *Oiseaux et fleurs dans un paysage où des rochers se dressent au milieu de l'eau courante.*

[Style de l'Ecole du Nord; début des Ming?]

(Collection de M. Raphaël Petrucci)

PEINTURE SUR PAPIER

61.   *Canards nageant ou plongeant parmi des roseaux.* Dimensions: 102 × 059. A gauche, en haut, longue inscription et deux cachets.

[Epoque Ts'ing.]

(Appartient à M. Héliot)

PEINTURE SUR SOIE

62.   *Un personnage au visage ironique, aux ongles effilés, est assis auprès d'un rocher.* Dimensions: 128 × 089.

(Appartient à M. Marcel Bing)

PEINTURE SUR SOIE

63.   *Aigle blanc sur son perchoir.* Dimensions: 109 × 051. En haut, vers le milieu, grand cachet des collections impériales des Song.

(Collection de M. Raphaël Petrucci)

64.   *Couple de faisans dorés parmi des pivoines.* Dimensions : 140 × 075.

PEINTURE SUR SOIE

[Epoque Ming?]

(Appartient à M. Héliot)

65.   *Un aigle blanc sur une branche fleurie.* Dimensions : 119 × 063. En haut, à droite, longue inscription. En bas, à gauche, un cachet.

PEINTURE SUR SOIE

[Dans le caractère des aigles dits «de l'Empereur Houei-tsong».]

(Collection de M. Stoclet)

66.   *Perroquets dans un arbre chargé de fleurs et de fruits. Peinture au trait; quelques fleurs et quelques plumes rehaussées de rouge.* Dimensions : 126 × 055.

PEINTURE SUR PAPIER

[Epoque Ming?]

(Collection de M. Lucien Henraux)

67.   *Pendant du N° 60.*

PEINTURE SUR SOIE

(Collection de M. Raphaël Petrucci.)

68.   *Bambous.* Dimensions : 027 × 039.

PEINTURE SUR PAPIER

[Par *Wou Tchen* (1280-1354). Cf. Catalogue Guimet.]

(Collection de M. Guimet)

69.   *Pivoines blanches sous un arbre aux grappes de fleurs retombantes.* Dimensions : 123 × 066. Vers le milieu, à gauche, inscription et trois cachets. En bas, à gauche, un cachet.

PEINTURE SUR SOIE

(Collection de M. Stoclet)

PEINTURE SUR PAPIER

70. *Deux paons sur un rocher, parmi des fleurs. Peinture au trait, les fleurs rehaussées de rouge.* Dimensions: 126 × 055.

[Epoque Ming?]

[L'artiste, dont nous ignorons le nom, ne se rattache à aucune tradition déterminée; pour un animalier chinois, la recherche de stylisation est un fait exceptionnel; il n'est pas improbable que l'auteur de cette peinture soit un coréen ou un japonais.]

(Collection de M. Lucien Henraux)

PEINTURE SUR SOIE

71. *Cygnes blancs parmi des lotus aux teintes effacées.* Dimensions: 126 × 070.

[Epoque Song.]

(Collection de M. le Vicomte de Sartiges)

PEINTURE SUR SOIE

72. *Deux cavaliers du Turkestan maîtrisent leurs montures; ils ont le visage plein, le nez charnu, la barbe frisée.* Dimensions: 135 × 093. Signé, en bas, à gauche: *Tseu-nan* (appellation de Tchao Mong-fou).

(Collection de M. Alphonse Kann)

PEINTURE SUR SOIE

73. *Cavalier mongol revenant de la chasse.* Dimensions: 091 × 060. Signé, vers le haut, à gauche: *Tseu-nan* (appellation de Tchao Mong-fou).

(Collection de M. Jacques Doucet)

PEINTURE SUR SOIE

74. *Chevaux au pâturage et leurs gardiens.* Dimensions: 123 × 095. Cachet vers le bas, à droite.

[Style de Tchao Mong-fou, époque Yuan.]

(Appartient à Mme Langweil)

PEINTURE MONOCHROME SUR PAPIER

75. *Un coq à l'œil vif, à la patte crispée, à la queue en panache.* Dimensions: 133 × 079. Signé: *K'i Leang-ts'ien*, en haut, à gauche. Deux cachets.

[La technique employée ici est le «*P'ouo mouo*», caractérisé par le «maniement audacieux de l'encre coulante» et particulièrement cher aux peintres travaillant dans le style de l'Ecole du Sud. Cf. Petrucci, *T'oung Pao*, 1912, p. 85, ann. 5.]

(Appartient à M. Héliot).

PEINTURE SUR SOIE

76. *Deux singes noirs et un singe blanc.* Dimensions: 134 × 083. Pas de signature ni de cachet.

[Comparer pour le sujet la troisième feuille du triptyque du monastère Daitoku-ji (Japon), reproduit dans les *Selected Relics* de Tajima, vol. I.]

(Appartient à M. Charles Vignier)

PEINTURE SUR PAPIER

77. *Grue blanche près d'un lotus blanc.* Dimensions: 114 × 029.

(Collection de M. Georges Viau)

PEINTURE SUR SOIE

78. *Canards sous un rocher entouré de fleurs blanches et rouges.* Dimensions: 169 × 062. Signé en haut, à gauche.

(Appartient à la Société Chinoise Leyer)

PEINTURE SUR SOIE

79. *Deux oiseaux sur une branche aux fleurs rouges.* Dimensions: 141 × 044.

[Epoque Ming?]

(Appartient à la Société Chinoise Leyer)

PEINTURE SUR PAPIER

80. *Oiseau et papillon parmi des chrysanthèmes blancs et jaunes.* Dimensions: 114 × 029.

(Collection de M. Georges Viau)

PEINTURE SUR SOIE

81.   *Un oiseau au col tacheté d'orange chante sur une branche aux feuilles jaunies.* Dimensions: 022 × 023. Deux cachets en bas, à droite.

[Époque Ming?]

(Collection de M. Victor Goloubew)

PEINTURE SUR SOIE

82.   *Portrait de prêtre; les traits du visage sont minutieusement indiqués; fond argenté.* Dimensions: 014 × 017.

[XVIᵉ siècle?]

[M. Henri Rivière a bien voulu nous communiquer la note suivante: «Cette tête était recollée sur un «tchou» (kakemono) chinois moderne. La vieille peinture étant probablement abîmée, on l'avait recopiée tant bien que mal (plutôt mal que bien), mais le personnage principal étant moins avarié que les autres avait été découpé dans la vieille peinture et recollé à sa place dans la moderne. Cette peinture représentait: en haut, au-dessus de quelques montagnes, une divinité assise dans un temple parmi les nuages avec quelques génies volant autour d'elle. Au milieu, le prêtre surmonté de l'inscription: «*Où les fleurs pleuvent*». Il était entouré de deux saints personnages, l'un tenant la queue de bœuf, l'autre un long bâton. Le prêtre tenant un sceptre était assis devant une petite table à offrandes. En dessous, agenouillés et joignant les mains, quatre personnages et un enfant dans l'attitude de la prière avec cette inscription en bas: «*L'étang des lotus aux neuf degrés de l'occident*". Il est donc clair que ce portrait appartenait à une grande composition, conçue d'après une légende bouddhique, importée en Chine."]

(Collection de M. Henri Rivière)

PEINTURE SUR SOIE

83.   *Mante verte, sous une branche portant des cosses et un fruit en forme de soleil rouge.* Dimensions: 032 × 026.

[Époque Ming.]

(Collection de M. Raphaël Petrucci)

PEINTURE SUR SOIE

84.   *Trois personnages accroupis autour de vases et de fruits.* Dimensions: 015 × 019. Inscription sur papier et un cachet.

[Époque Yuan?]

(Collection de M. Victor Goloubew)

PEINTURE SUR SOIE

85. *Personnage à cheval, suivi de deux serviteurs dont l'un porte deux boîtes. (Les vêtements ont en grande partie perdu leur peinture.)* Dimensions : 033 × 051. Signature : *Tseu-nan* (appellation de Tchao Mong-fou), en haut, à droite, et un cachet.

(Collection de *M. Stoclet*)

PEINTURE MONOCHROME SUR SOIE

86. *Temple au sommet d'une montagne.* Dimensions : 022 × 019. Cachet en bas, à droite.

[Epoque Yuan ?]

(Collection de *M. Victor Goloubew*)

FRAGMENT DE PEINTURE SUR SOIE

87. *Deux canards.* Dimensions : 025 × 024. Signé à gauche : *Wang Yuan.* Fragment de cachet à droite.

[Epoque Yuan.]

(Appartient à *M. Charles Vignier*)

PEINTURE SUR SOIE

88. *Éléphant blanc au pâturage, avec son conducteur.* Dimensions : 031 × 021.

[Le sujet semble tiré d'un Jātaka bouddhique.]

(Appartient à *M. Charles Vignier*)

PEINTURE SUR PAPIER PAILLETÉ D'OR

89. *Trois femmes aux longues écharpes se promènent sous la lune.* Dimensions : 033 × 022.

[XIVe siècle ?]

(Appartient à *M. Charles Vignier*)

PEINTURE SUR SOIE

90. *Une oie sauvage parmi des branches et des fleurs (oxydations provenant de la décomposition d'une ancienne couleur à base de minium).* Dimensions : 026 × 032. Signé à droite : *Tsouei Po.*

[Epoque Song.]

(Collection de *M. Victor Goloubew*)

PEINTURE SUR SOIE

91. *Sous une branche aux fruits lourds, au pied d'une chute d'eau, trois singes; les eaux sont stylisées en volutes.* Dimensions: 031 × 026. En bas, à droite, traces de cachet.

[Epoque Ming?]

(Collection de M. Victor Goloubew)

PEINTURE SUR SOIE

92. *Pigeon sur une branche de châtaignier.* Dimensions: 027 × 028. Signature et cachet en haut, vers le milieu.

[Style de l'époque Ming?]

(Collection de M. Victor Goloubew)

PEINTURE SUR SOIE

93. *Paysage d'hiver, maison sur pilotis, montagnes au bord de l'eau.* Dimensions: 032 × 026.

[Imitation d'après *Ma Yuan*? XVIe ou XVIIe siècle.]

(Collection de M. Victor Goloubew)

PEINTURE SUR SOIE

94. *Oie sauvage parmi des roses et des bambous.* Dimensions: 141 × 081. Signature: *Lu Ki*, à gauche, et plusieurs cachets. Début du XVIe siècle.

(Appartient à M. Worch)

PEINTURE SUR SOIE

95. *Personnage en marche, tenant une fleur à la main.* Dimensions: 133 × 055. Signature à droite, et cachet. Attribué par la signature à *Wou Tao-yuan*.

(Appartient à M. Worch)

PEINTURE SUR SOIE

96. *Paysage de cimes vertes et bleues. Au premier plan, vers le bas, un personnage mange dans une maison; deux cavaliers franchissent un pont.* Dimensions: 192 × 046. Signature et cachets en haut, à gauche.

[Epoque Ming?]

(Collection de Mme la Princesse Eugène Murat)

PEINTURE SUR PAPIER

97. *Deux cavaliers mongols reviennent de la chasse. (Influence persane sensible dans les ombres des visages, dans l'esquisse du second cheval, etc.)* Dimensions : 062 × 063. Signé en bas, à gauche : *Tseu-nan* (appellation de Tchao Mong-fou).

(Collection de M. Bouasse-Lebel)

PEINTURE SUR SOIE

98. *Cavalier originaire du Turkestan, maîtrisant son cheval au bord d'un ravin.* Dimensions : 057 × 086. Cachet vers le bas, à gauche.
[Epoque Ming?]

(Collection de M. Henri Vever)

PEINTURE SUR SOIE

99. *Enfants et chèvres.* Dimensions : 126 × 062.

[Dans le style de Han Kan ; à comparer avec l'image d'un Rishi, monté sur une chèvre, œuvre attribuée à ce peintre et appartenant au British Museum.]

(Appartient à M. Marcel Bing)

PEINTURE SUR PAPIER

100. *Deux cailles sous une touffe de fleurs rouges, entourée d'abeilles et de papillons.* Dimensions : 072 × 035.

[Style de l'Ecole du Nord.]

(Collection de M. Raphaël Petrucci)

PEINTURE MONOCHROME SUR PAPIER

101. *Buffles en mouvement ou au repos.* Dimensions : 064 × 048.

(Collection de M. Lucien Henraux)

PEINTURE SUR SOIE

102. *Vieillard assis, encadré de deux assistants. Un singe lui présente un fruit.* Dimensions : 142 × 075.

[Epoque Yuan?]

(Collection de M. Raphaël Petrucci)

PEINTURE SUR SOIE

103. *Couple de canards mandarins nageant sous une touffe de roses.* Dimensions: 091 × 092.

[Style de l'époque Ming?]

(Collection de M. Marcel Bing)

PEINTURE SUR SOIE

104. *Au premier plan, un cheval blanc en train de paître; un cheval gris, le sabot levé, retourne la tête vers un cavalier mongol qui, au second plan, poursuit un cheval bai en plein galop.* Dimensions: 094 × 069. En bas, à droite, un cachet.

[Style de Tchao Mong-fou.]

(Collection de M. Victor Goloubew)

DEUX PEINTURES SUR SOIE DANS LE MÊME CADRE

105 et 106. A. — *Paysage montagneux au bord de la mer.* Dimensions: 026 1/2 × 062. Signé: Wen Tcheng-ming (1480-1559). Notice par Houang Tao-tcheou (1582-1646).

B. — *Présentation d'un cheval blanc à un personnage reposant auprès d'une maison.* Dimensions: 053 × 078 1/2. Signé: Tchao Mong-fou. Notices par Houang Tao-tcheou (1582-1646), par Yun Ko (1633-1690), par Tch'en K'i-jou (XVIIe siècle), par Tcheou Wen-ming et par Chen Tcheou. Cf. n° 59 du Catalogue de Mme Langweil.

(Collection de Mme la Princesse Eugène Murat)

PEINTURE SUR SOIE

107. *Un cavalier mongol poursuit en plein galop un cheval qui s'est débarrassé de son cavalier.* Dimensions: 075 × 058. Inscription de droite: éloge de la peinture, en prose, non daté, par Kao Ki; attribution à Tchao Mong-fou. Légende de gauche: en vers, par Tchang Pi, datée de 1481.

(Collection de M. Alphonse Kann)

PEINTURE SUR SOIE

108. *Cortège de chasseurs au bord de l'eau (influence persane).* Dimensions: 086 × 075. Attribué par la signature, en bas, à gauche, à Tchao Yong (fils de Tchao Mong-fou).

(Appartient à M. Worch)

PEINTURE SUR SOIE
109.   *Cheval blanc, aux jambes longues et fines, portant un harnachement aux vives couleurs.* Dimensions: 048 × 046. Inscription à droite, le comparant au givre pour la blancheur.

[Style de l'époque Ming ?]

(Collection de M. Jacques Doucet)

PEINTURE SUR SOIE
110.   *Chevaux amenés en tribut à un personnage assis.* Dimensions: 030 × 075. Signé en haut, à gauche: *Tseu-nan* (appellation de Tchao Mong-fou).

(Collection de Mme la Comtesse de B...)

PEINTURE SUR SOIE
111.   *Une vache et son veau paissent sous un grand saule enveloppé d'une atmosphère vaporeuse; leur gardien est assis au pied de l'arbre.* Dimensions: 058 × 047. Inscription, signature et cachets en haut, à gauche. Signé: *Tchao Yong* (fils de Tchao Mong-fou). Daté: 4 juin 1319.

[Cf. N° 108: il est facile de constater que les deux peintures ne peuvent pas être de la même main.]

(Collection de M. Victor Goloubew)

PEINTURE MONOCHROME SUR SOIE
112.   *Un fleuve sillonné de barques coule entre des montagnes et des rochers.* Dimensions: 160 × 102.

[Style de l'époque Ming.]

(Collection de M. Tremenheere)

PEINTURE SUR SOIE
113.   *Un cerf sellé, aux jambes fines, debout sur des nuages stylisés. Un «champignon de bon augure» est posé sur la selle. Au-dessus de sa tête, parmi des feuillages, un grand disque contient cinq divinités. (Effet lumineux sur le ventre du cerf et sur le disque, produit par la combinaison d'or et de rose.)* Dimensions: 081 × 036.

[Peinture japonaise.]

(Cf. le Cerf sacré de Kasuga, par Takakané Taka-Shina. xive siècle. Bijutsu gaho, t. 19, n° 6.)

(Collection de M. Lucien Henraux)

PEINTURE SUR SOIE

114.   *Halte de chasse impériale; au milieu, en robe jaune, l'empereur.* Dimensions: 030 × 029.

(Collection de M. Henri Vever)

PEINTURE SUR SOIE

115.   *Petit canard duveté, sur un rocher.* Dimensions: 058 × 047. A gauche, inscription sur trois colonnes et cachets.

[Peinture japonaise.]

(Collection de M. Henri Vever)

PEINTURE SUR SOIE

116.   *Chevaux et cavaliers au bord d'un cours d'eau.* Dimensions: 110 × 050.

[D'après Tchao Mong-fou?]

(Collection de M. Henri Vever)

PEINTURE SUR SOIE

117.   *Un personnage corpulent, au visage rusé (type des habitants du Turkestan), derrière lequel un enfant se dérobe à demi, considère un cheval blanc attaché à un arbre, auprès d'un fleuve.* Dimensions: 137 × 097. En bas, à droite, deux cachets.

[Epoque Yuan.]

(Collection de M. Lucien Henraux)

PEINTURE SUR SOIE

118.   *Sous un arbre dépouillé, un cheval bai.* Dimensions: 085 × 050.

[Epoque Yuan.]

(Appartient à M. Charles Vignier)

PEINTURE SUR SOIE

119.   *Pied de pivoines aux couleurs pâles.* Dimensions: 180 × 046. Inscription et deux cachets, à droite. Cachet en bas, à gauche.

[Epoque Yuan ou début des Ming.]

(Appartient à Mme Langweil)

PEINTURE SUR SOIE

120. *Dragon émergeant de nuages.* Dimensions: 155 × 100.

[Époque Ming; d'après *Mou K'i*. Cf. Tajima, *Op. cit.*, vol. II. Reproduction d'une peinture du même sujet appartenant au couvent Daitoku-ji.] Un cachet.

(Appartient à M. Meyer-Riefstahl)

PEINTURE «AU DOIGT» SUR PAPIER

121. *Un vieillard debout considère une branche fleurie dans un vase.* Dimensions: 116 × 063. Inscription sur quatre colonnes et deux cachets en haut, à droite, attribuant la peinture à Kiu Tch'ouan.

[XVIIe siècle?]

(Collection de M. Bouasse-Lebel)

PEINTURE SUR SOIE

122. *Vol de grues autour d'un pin.* Dimensions: 178 × 086.

[D'après Wen Tcheng-ming?]

(Collection de M. Georges Viau)

PEINTURE SUR SOIE

123. *Cavaliers mongols en diverses scènes de chasse; l'une de ces scènes reproduit à peu près exactement la «poursuite d'un cheval échappé»* (N° 107). Dimensions: 168 × 102. Signé vers le bas, à droite: *Tseu-nan* (appellation de Tchao Mong-fou); un cachet.

(Collection de M. Henri Rivière)

[Les peintures réunies ici sous le nom de Tchao Mong-fou ne peuvent pas être toutes attribuées au maître. Elles appartiennent à des époques différentes et la qualité de leur exécution varie très sensiblement. Cet ensemble, tel qu'il se présente, complète d'une façon très précise les notions que nous donnent les sources littéraires sur Tchao Mong-fou et ses imitateurs. Au XVe siècle, Wen Tcheng-ming se plaisait à rappeler dans certaines de ses œuvres le génie et le savoir du grand peintre des Yuan. Cet exemple fut suivi par nombre d'artistes travaillant sous les Ming et la dernière dynastie régnante.

Nous sommes donc ici en présence, non d'un seul artiste, mais d'une tradition, maintenue tantôt par des artistes à inspirations originales, tantôt par des imitateurs. Le fait que le cachet et la signature de Tseu-nan se répètent sur chaque rouleau ne constitue pas la preuve d'un faux. Il signifie seulement que tel tableau a été reconnu digne du maître par un amateur ou un critique, ou bien encore que le copiste, soucieux de restituer l'original dans tous ses détails, a poussé la fidélité de la transcription jusqu'à recopier même la signature.]

PEINTURE SUR SOIE

124. *Un Sien-jen en contemplation dans une barque, sous un arbre rebroussé par le vent.* Dimensions: 110 × 053. Inscription, vers le haut, et deux cachets. Peinture attribuée à Ma Lin, fils de Ma Yuan, peintre de l'époque Song.

(Collection de M. Raphaël Petrucci)

PEINTURE SUR SOIE

125. *Deux cygnes nagent sous un arbre en fleurs.* Dimensions: 098 × 105.

[Style de l'époque Ming.]

(Collection de M. Tremenheere)

PEINTURE SUR PAPIER

126. *Grue dans un paysage de neige.* Dimensions: 114 × 044. En bas, à droite, deux cachets.

(Collection de M. Raphaël Petrucci)

PEINTURE SUR SOIE

127. *Deux chasseurs; l'un d'eux, à cheval, vise un perroquet avec une flèche.* Dimensions: 027 × 020.

[Style de l'époque Ming.]

(Collection de M. Philippe Berthelot)

PEINTURE SUR SOIE

128. *Portraits de maître Tcheou Lien-k'i, philosophe, intendant des eaux et forêts, et du grand conseiller Tcheou Yi-kong* (xie siècle). Dimensions: 034 × 085. Plusieurs inscriptions et un grand cachet.

(Appartient à la Société chinoise Leyer)

PEINTURE SUR SOIE

129. *Deux chasseurs visant un lièvre.* Dimensions: 027 × 020.

[Style de l'époque Ming.]

(Collection de M. Philippe Berthelot)

PEINTURE SUR SOIE

130.   *Grue dressée sur une patte.* Dimensions: 070 × 033. Signature et cachet à droite, vers le milieu.

[Signé Lu Ki; XVe siècle.]

(Collection de M. Stoclet)

PEINTURE SUR SOIE

131.   *Une grue blanche debout parmi des fleurs roses.* Dimensions: 082 × 091.

[Style de l'époque Ming.]

(Appartient à la Société chinoise Leyer)

PEINTURE SUR SOIE

132.   *Deux oiseaux à long bec autour d'une fleur rose.* Dimensions: 071 × 041.

[Style de l'époque Ming.]

(Collection de M. Henri Vever)

PEINTURE SUR SOIE

133.   *Kiosque construit au-dessus de l'eau, sur un fond de montagnes.* Dimensions: 170 × 100. Signé en bas, à droite.

[Epoque Ming.]

(Collection de M. Bouasse-Lebel)

PEINTURE SUR SOIE

134.   *Faucon sur son perchoir.* Dimensions: 085 × 029.

[Epoque Song.]

(Collection de M. Raphaël Petrucci)

PEINTURE SUR SOIE

135.   *Chats dissimulés sous un plant de pivoines du Ho-nan et guettant deux oiseaux.* Dimensions: 100 × 050.

(Collection de M. Raphaël Petrucci)

PEINTURE SUR SOIE

136. *Couple de faisans dorés parmi des fleurs.* Dimensions : 145 × 080.

[Peinture du genre dit *houa-niao*.]

(Collection de M. Raphaël Petrucci)

PEINTURE SUR SOIE

137. *Deux oiseaux sur une branche fleurie.* Dimensions : 100 × 039.

(Collection de M. Raphaël Petrucci)

PEINTURE MONOCHROME SUR SOIE

138. *Deux aigles sur une branche.* Dimensions : 115 × 059. Inscription en haut, à gauche.

[D'après une peinture Song?]

(Appartient à M. Héliot)

PEINTURE SUR SOIE

139. *Groupes de femmes et d'hommes empressés autour d'un personnages assis.* Dimensions : 029 × 098. Inscription et cachet à gauche. Cachet en bas, à droite.

[Style de l'époque Ming.]

(Collection de M. Benson)

PEINTURE SUR SOIE

140. *Paysage montagneux au bord d'un fleuve.* Dimensions : 085 × 042.

[Dans la manière de Hia Kouei.]

(Collection de M. Martin White)

PEINTURE SUR SOIE

141. *Album de 8 peintures sur soie représentant 16 lohans sur fond noir.*

[Période Song?]

(Appartient à M. Worch)

142. PEINTURE SUR SOIE
Wou yo sseu tou che tsi t'ou. Tableau des faits les plus mémorables de l'histoire des cinq montagnes sacrées et des quatre fleuves principaux divinisés par les Chinois.

[Mythologie taoïste : Histoire des Dieux, des montagnes et des fleuves en 9 tableaux.]
[Epoque Ming. Makémono.]

(Collection de M. Vissière)

143. PEINTURE SUR SOIE
Divinités et génies attribués à Li Long-mien; daté de 1086. Makémono. (Cf. Catalogue Guimet, n° 1, page 81.)

(Collection de M. Henri Vever)

144. PEINTURE SUR SOIE
Paysages chinois de Sou H'an-tch'en (xve siècle). Makémono. (Cf. Catalogue Guimet, n° 5, page 81.)

(Collection de M. Henri Vever)

TABLE DES PLANCHES.

Le Palais Kieou-tch'eng par Li Tchao-tao. (VIIIe siècle).
Collection V. Goloubew. Planche I.

Lu Tong-pin par T'eng Tch'ang-yeou. (IXe siècle).
Exposé par M. Worch. Planche II.

Partie supérieure du Lu Tong-pin par T'eng Tch'ang-yeou. Planche III.

Lu Tong pin. Peinture anonyme. (XIIIe—XVe siècles).
Collection Goloubew. Planche IV.

Partie supérieure du Lu Tong-pin. Peinture anonyme. Planche V.

Oiseaux et Fleurs. Peinture anonyme. (IXe—Xe siècles).
Collection Petrucci. Planche VI.

Oie par Ts'ouei Po. (XIe siècle).
Collection Goloubew. Planche VII.

Faucon blanc par l'empereur Houei tsong. (XIe—XIIe siècles).
Collection Stoclet. Planche VIII.

« Celui qui dort et celui qui mange ». Aigles par Wang Tsin-k'ing. (XIe siècle).
Collection Goloubew. Planche IX.

Faucon sur un perchoir. Peinture anonyme du XIIe siècle.
Collection Petrucci. Planche X.

Aigle blanc. Peinture anonyme du XIIe siècle.
Collection Petrucci. Planche XI.

Cygnes. Peinture anonyme du XIIe siècle.
Collection de Sartiges. Planche XII.

Couple de canards mandarins sous les lotus. Peinture anonyme du XIIe siècle.
Collection Vever. Planche XIII.

Fleurs de pivoines. Attribué à Li Ti. (XIe—XIIe siècles).
Collection Bouasse-Lebel. Planche XIV.

Portraits de Maître Tcheou Lien-k'i et du grand conseiller Tcheou Yi-kong. Peintures anonymes des XIe—XIIe siècles.
Exposé par MM. Loyer. Planche XV.

Portrait du vénérable Sou. Peinture anonyme des XIe—XIIe siècles.
Collection Goloubew. Planche XVI.

Portrait de prêtre. Peinture anonyme du XIIIe ou du XIVe siècle (?).
Collection Rivière. Planche XVII.

Paysage attribué à Ma Lin. (XIIIe siècle).
Collection Petrucci. Planche XVIII.

Pigeons, amarantes et chrysanthèmes par Ts'ien Siuan. (XIIIe—XIVe siècles).
Collection Petrucci. Planche XIX.

Cavaliers mongols poursuivant un cheval échappé par Tchao Mong-fou. (XIIIe—XIVe siècles).
Collection Kann. Planche XX.

Cavalier mongol rentrant de la chasse par Tchao Mong-fou. (XIIIe—XIVe siècles).
Collection Doucet. Planche XXI.

Cavalier chinois suivi d'assistants portant son bagage. Peinture anonyme (Xe—XIIIe siècles)(?).
Collection Stoclet. Planche XXII.

Portrait du cheval «Blanc comme le givre congelé». Peinture anonyme du XIVe ou du début du XVe siècle.
Collection Doucet. Planche XXIII.

Scène de jeu-wou. École de Tchao Mong-fou. (XVe siècle).
Collection Princesse Murat. Planche XXIV, n°. 1.

Paysage par Wen Tcheng-ming. (XVe—XVIe siècles).
Collection Princesse Murat. Planche XXIV, n°. 2.

Berger et buffles sous un saule. Attribué à Tchao Yong. (XIVe siècle).
Collection Goloubew. Planche XXV.

Départ pour la chasse au faucon. Attribué à Tchao Yong. (XIVe siècle).
Exp. par M. Worch. Planche XXVI.

Canards mandarins par Wang Yuan. (XIVe siècle).
Exp. par M. Vignier. Planche XXVII.

Perroquets et Cacatoès. Attribué à Wang Yuan. Réplique tardive du XVIIe ou du XVIIIe siècle.
Collection Henraux. Planche XXVIII.

Canard mandarin nageant sous un bouquet de lotus. Peinture anonyme du XIVe siècle.
Collection Henraux. Planche XXIX.

Oiseaux et fleurs. Peinture anonyme du XIVe siècle.
Collection Petrucci. Planche XXX.

Grues et bambous (Sagesse et Longévité). Peinture anonyme du XIVe siècle.
Collection Goloubew. Planche XXXI.

Palais. Peinture anonyme du XIVe siècle.
Collection Goloubew. Planche XXXII.

Cormorans par Pien Wen-tsin. (XVe siècle).
Exp. par M. Vignier. Planche XXXIII.

Oie par Lu Ki. (XVe—XVIe siècles).
Exp. par M. Worch. Planche XXXIV.

Insectes sur une plante de coqueret. Peinture anonyme du XVe siècle.
Collection Petrucci. Planche XXXV.

Paysage d'hiver. Peinture anonyme du XVe ou du XVIe siècle.
Collection Princesse Murat. Planche XXXVI.

Palais des Génies et des Immortels. Peinture anonyme du XVIe siècle.
Collection Bouasse-Lebel. Planche XXXVII.

La Beauté à la fleur de pivoine. Attribué à T'ang Yin. (XVe—XVIe siècles).
Collection Goloubew. Planche XXXVIII.

Portraits funéraires. Peinture anonyme des XVIe—XVIIe siècles.
Exp. par M. Kalebdjian. Planche XXXIX.

Fleurs de lotus par Wang Kouen. (XVIIe—XVIIIe siècles).
Collection Kann. Planche XL.

Canards par Sseu-ma Tchong, à l'imitation de Houang Kiu-ts'ai (époque des Ts'ing).
Exp. par M. Héliot. Planche XLI.

Arbres d'amour par Yu Tche-ting. (XVIIe—XVIIIe siècles).
Collection Goloubew. Planche XLII.

Portrait d'un empereur. Peinture anonyme du XVIIIe siècle.
Collection Goloubew. Planche XLIII.

Oies dans les roseaux par Pien Cheou-min. (XVIIIe siècle).
Collection Bouasse-Lebel. Planche XLIV.

Pivoines par Wou Meou. (XVIIIe siècle).
Collection Goloubew. Planche XLV.

Faisans, magnolias et pivoines par Tchang Cheng. (XVIIIe siècle).
Exp. par M. Worch. Planche XLVI.

Li T'ie-kouai et Lan Ts'ai-ho par Fou Wen (XVIIIe siècle).
Collection Bouasse-Lebel. Planche XLVII.

TABLE DES MATIÈRES.

	Page
Introduction	1

Chapitre I. Epoque des T'ang 1
    1. Le Kieou-tch'eng kong par Li Tchao-tao. — 2. Le Lu Tong-pin de T'eng Tch'ang-yeou. — 3. Une peinture de l'époque des T'ang.

Chapitre II. Epoque des Song 17
    1. Une peinture de Ts'ouei Po. — 2. Une peinture de l'Empereur Houei-tsong. — 3. Une peinture de Wang Chen. — 4. Peintures anonymes de l'époque des Song. — 5. Peintures anonymes de l'époque des Song. — 6. Portraits de l'époque des Song. — 7. Une peinture de Ma Lin.

Chapitre III. Epoque des Yuan 32
    1. Une peinture de Ts'ien Siuan. — 2. Peintures de Tchao Mong-fou. — 3. Peintures de l'école de Tchao Mong-fou. — 4. Peintures attribuées à Tchao Yong. — 5. Peintures attribuées à Wang Yuan. — 6. Peintures anonymes de l'époque des Yuan.

Chapitre IV. Epoque des Ming 45
    1. Peintures de Pien Wen-tsin et de Lu Ki; une peinture anonyme de l'époque des Ming. — 2. Peinture de Wen Tcheng-ming. — 3. Peintures anonymes de l'époque des Ming. — 4. Peinture attribuée à T'ang Yin. — 5. Portraits funéraires de l'époque des Ming.

Chapitre V. Epoque des Ts'ing 53
    1. Peinture de Wang Kouen. — 2. Peinture de Sseu-ma Tchong. — 3. Peinture de Yu Tche-ting; un portrait du XVIIIe siècle. — 4. Une peinture de Pien Cheou-min. — 5. Une peinture de Weu Meou. — 6. Une peinture de Tchang Cheng; une peinture de Fou Wen.

Conclusion 61

Index des noms propres chinois et japonais cités dans le texte ou dans les notes 63

Index des livres chinois cités dans le texte ou dans les notes 65

Errata 66

Catalogue Sommaire des peintures chinoises exposées au Musée Cernuschi en Avril—Juin 1912 rédigé par H. d'Ardenne de Tizac et V. Goloubew 67

Table des Planches 97

Les illustrations de cet ouvrage ont été exécutées d'après des clichés mis à la disposition de *Ars Asiatica* par la Bibliothèque d'Art et d'Archéologie à Paris.

Le Palais Kieou-tch'eng, par Li Tchao-tao (VIII siècle).
Collection Goloubew. PLANCHE I.

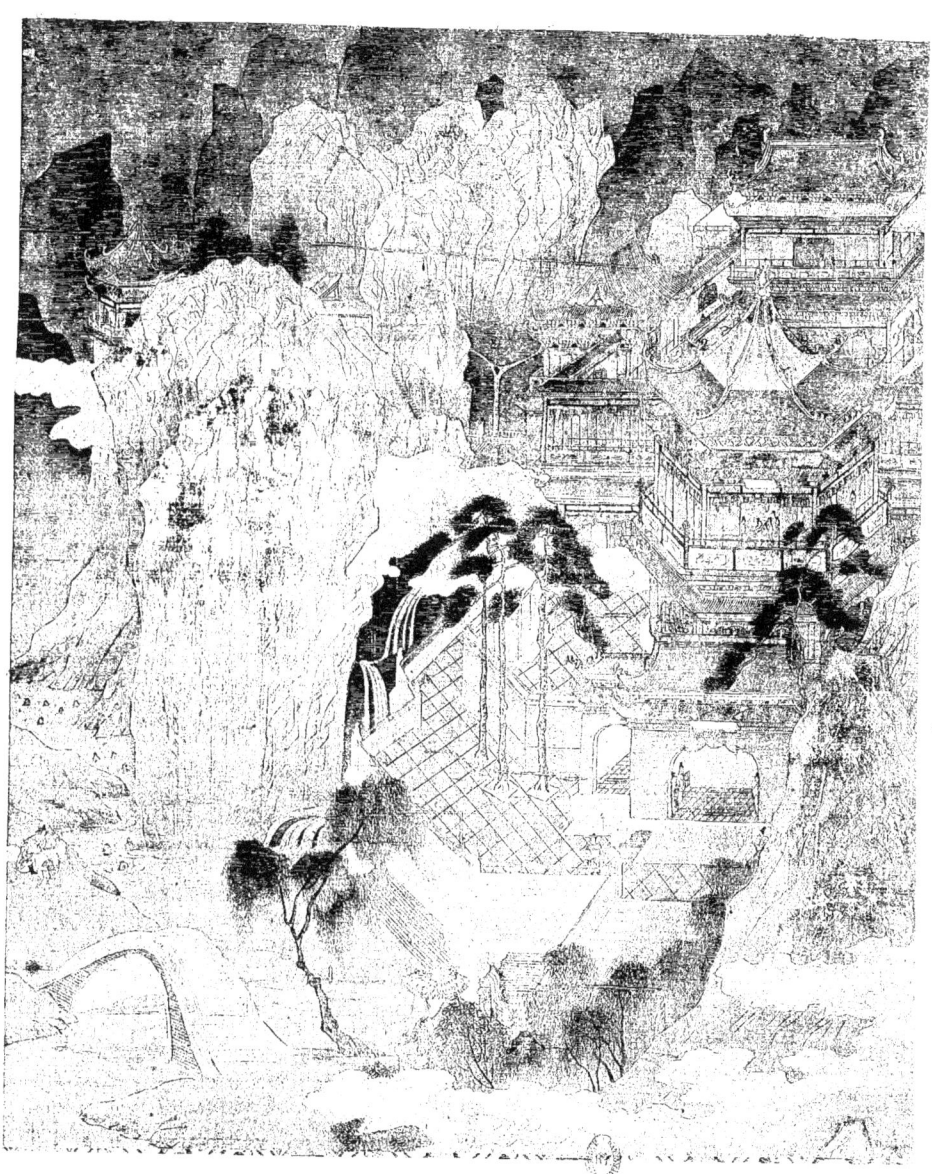

PLANCHE I.

Lu Tong-pin, par T'eng Tch'ang-yeou (IX° siècle).
Exposé par M. Worch.   PLANCHE II.

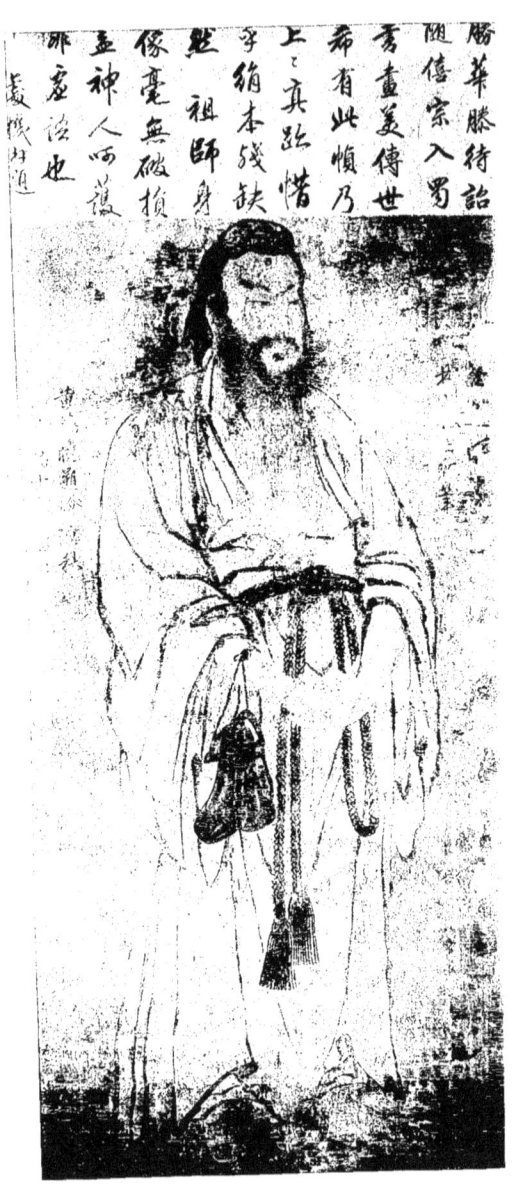

PLANCHE II.

Lu Tong-pin (détail), par T'eng Tch'ang-yeou.
PLANCHE III.

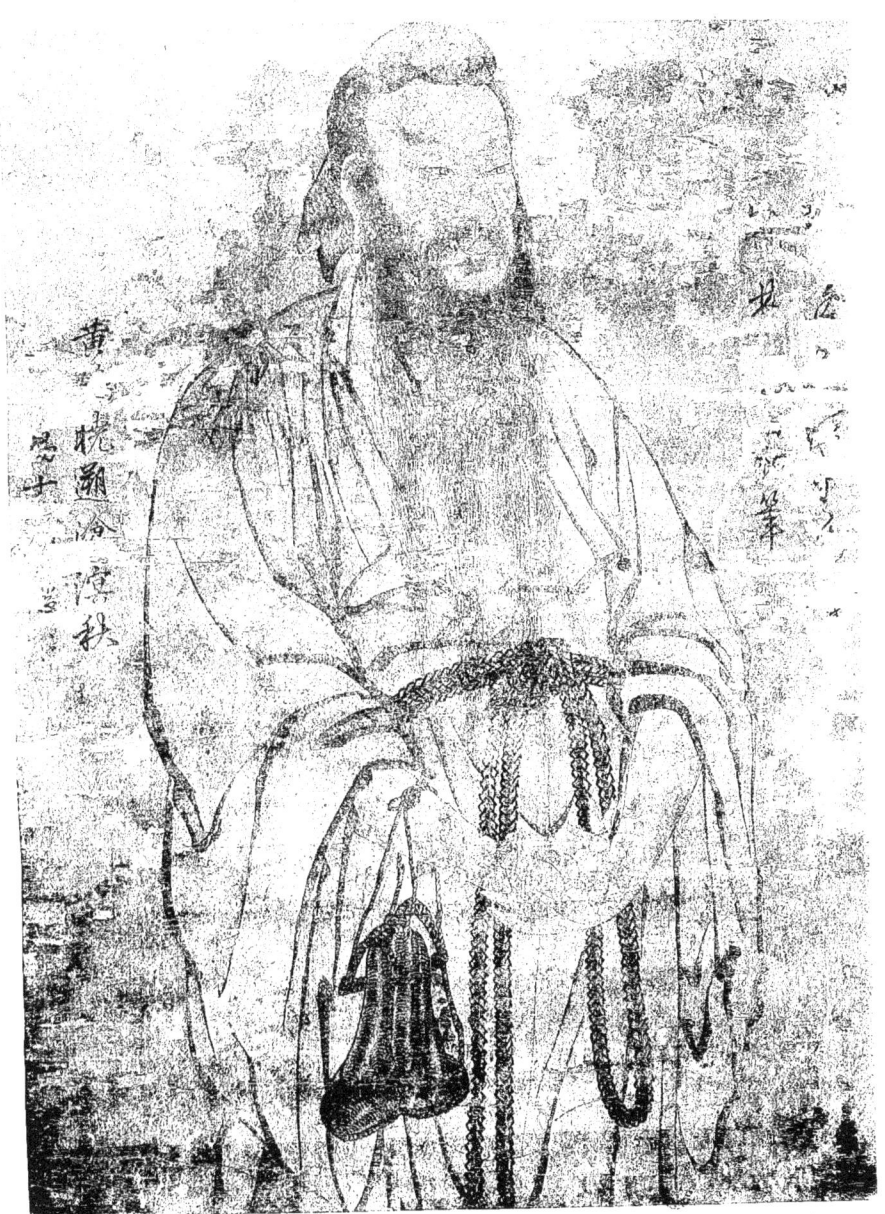

PLANCHE III.

Lu Tong-pin. Peinture anonyme (xiii°-xv° siècles).
Collection Goloubew. PLANCHE IV.

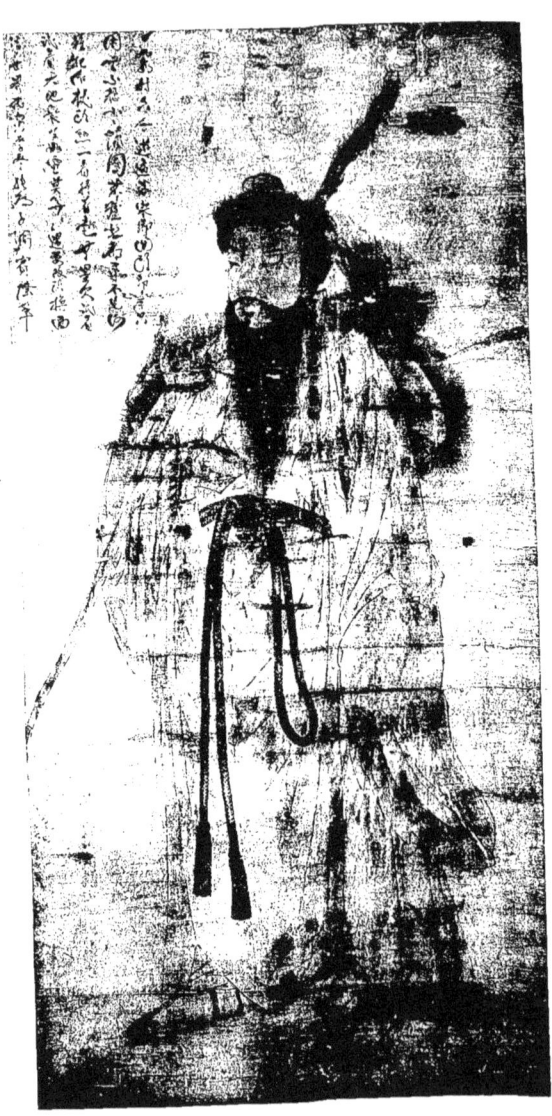

PLANCHE IV.

Lu Tong-pin (détail). Peinture anonyme.
PLANCHE V.

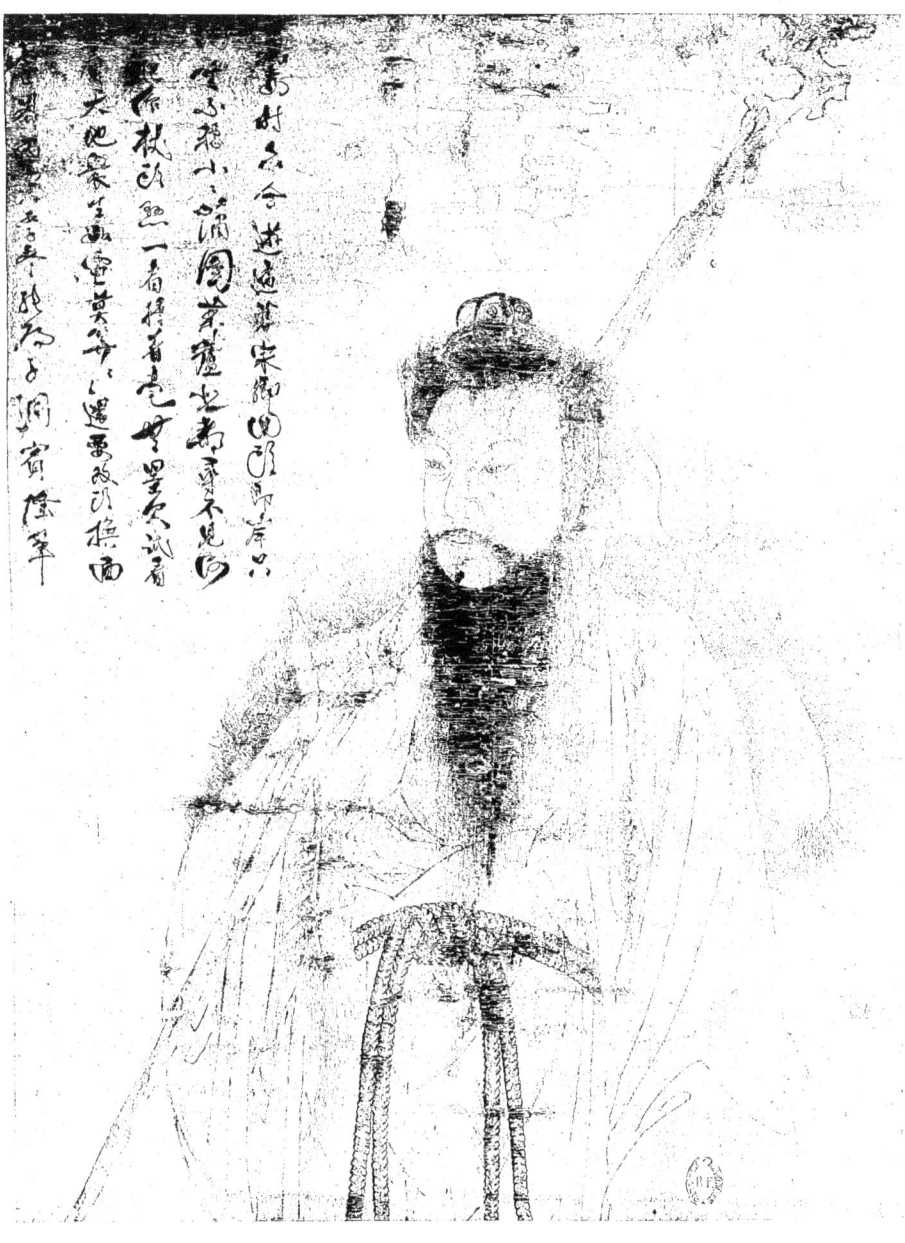

PLANCHE V.

Oiseaux et fleurs. Peinture anonyme (IXe-Xe siècles).
Collection Petrucci.

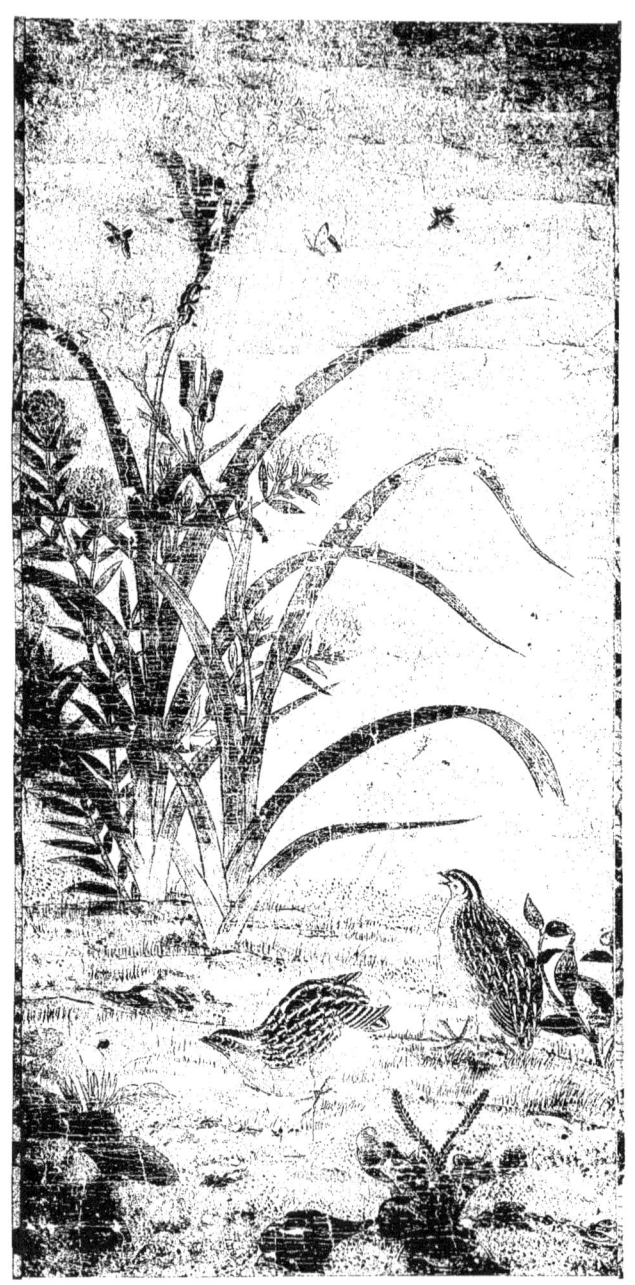

PLANCHE VI.

Oie, par Ts'ouei Po (xi° siècle).
Collection Goloubew.   PLANCHE VII.

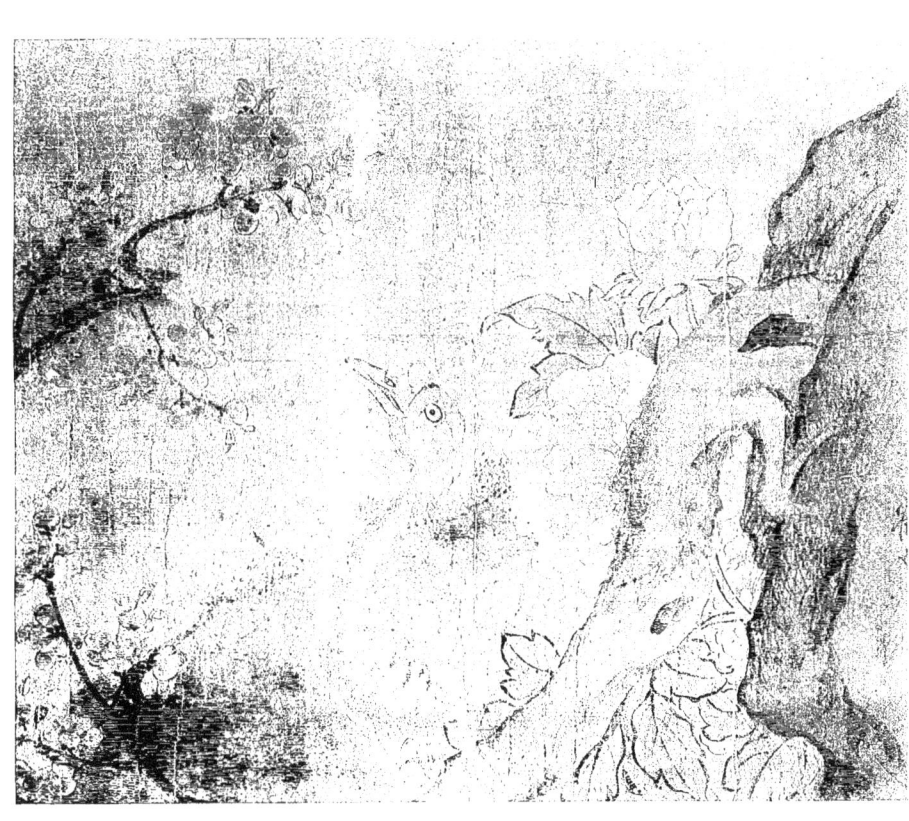

PLANCHE VII.

Faucon blanc, par l'Empereur Houei-tsong (xie-xiie siècles).
Collection Stoclet. PLANCHE VIII.

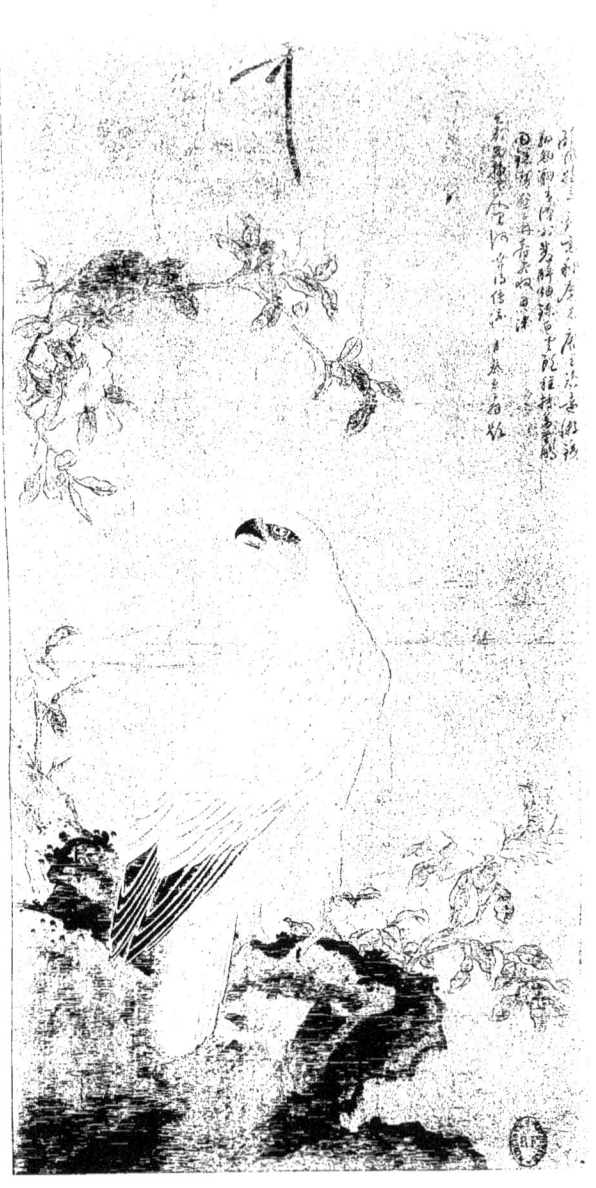

PLANCHE VIII.

« Celui qui dort et celui qui mange ». Aigles, par Wang Tsin-k'ing (xɪᵉ siècle).
Collection Goloubew.

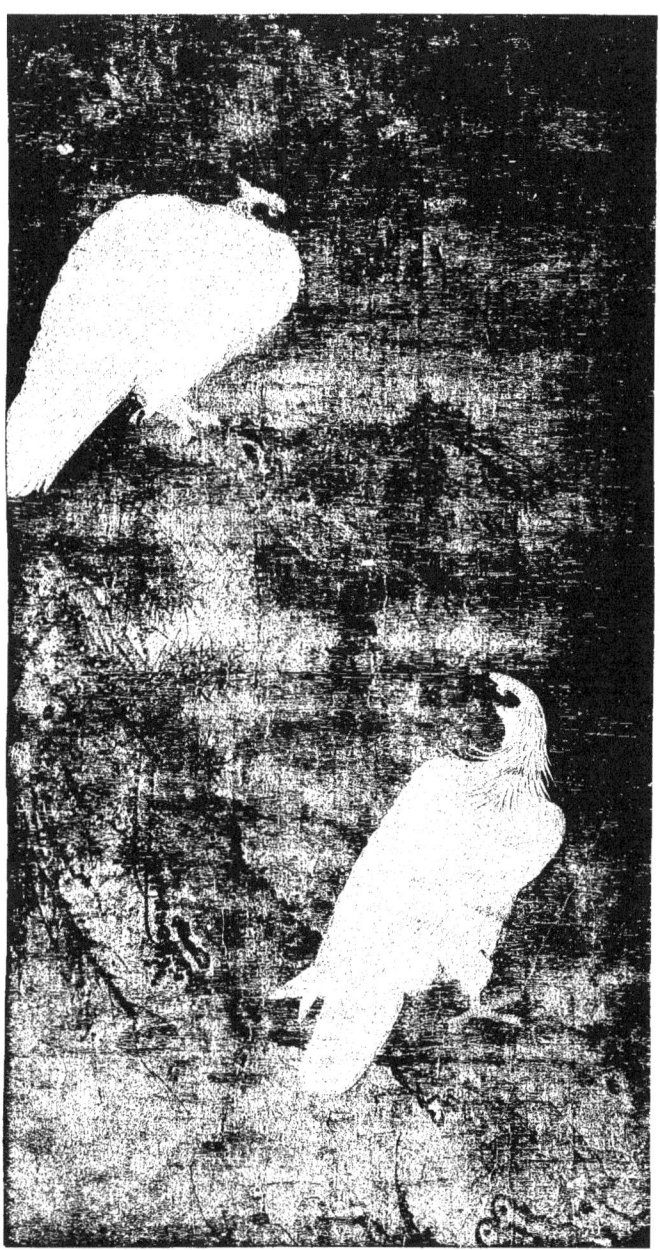

PLANCHE IX.

Faucon sur un perchoir. Peinture anonyme du xiie siècle.
Collection Petrucci. PLANCHE X.

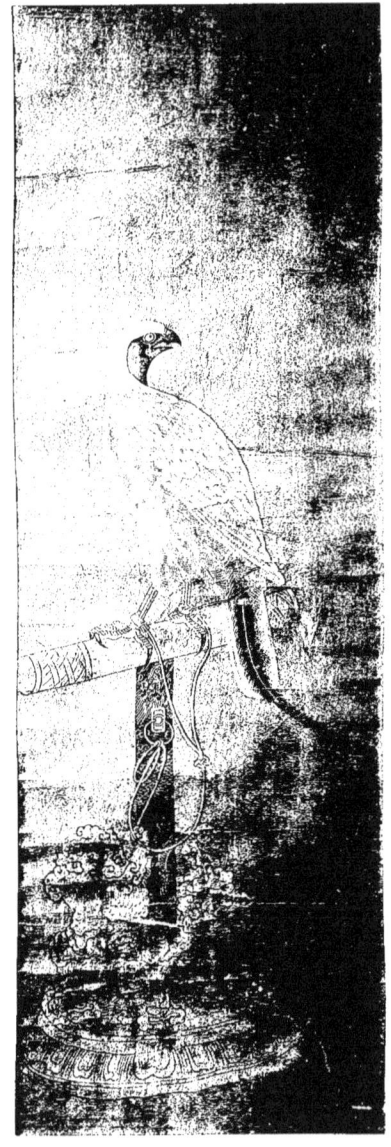

PLANCHE X.

Aigle blanc. Peinture anonyme du xii° siècle.
Collection Petrucci.   PLANCHE XI.

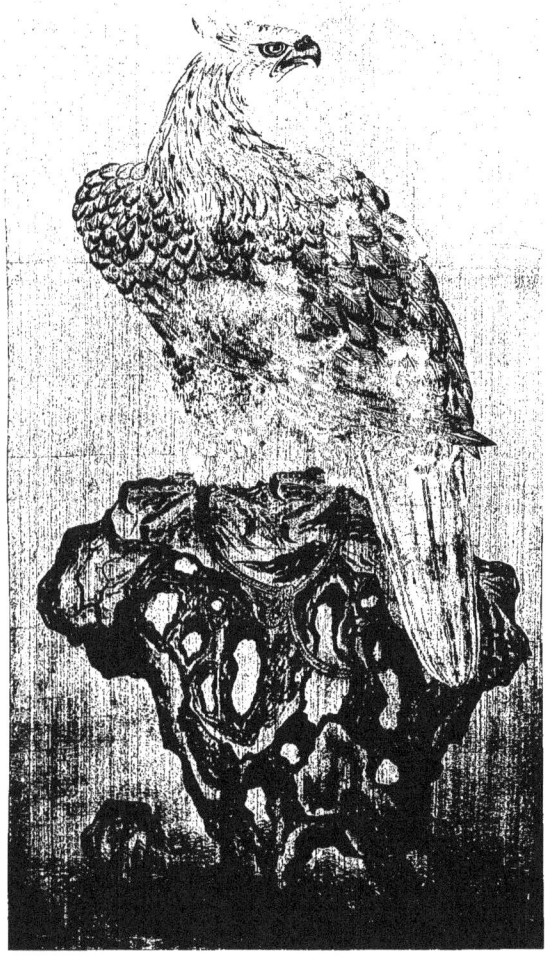

PLANCHE XI.

Cygnes. Peinture anonyme du xiiᵉ siècle.
Collection de Sartiges.   PLANCHE XII.

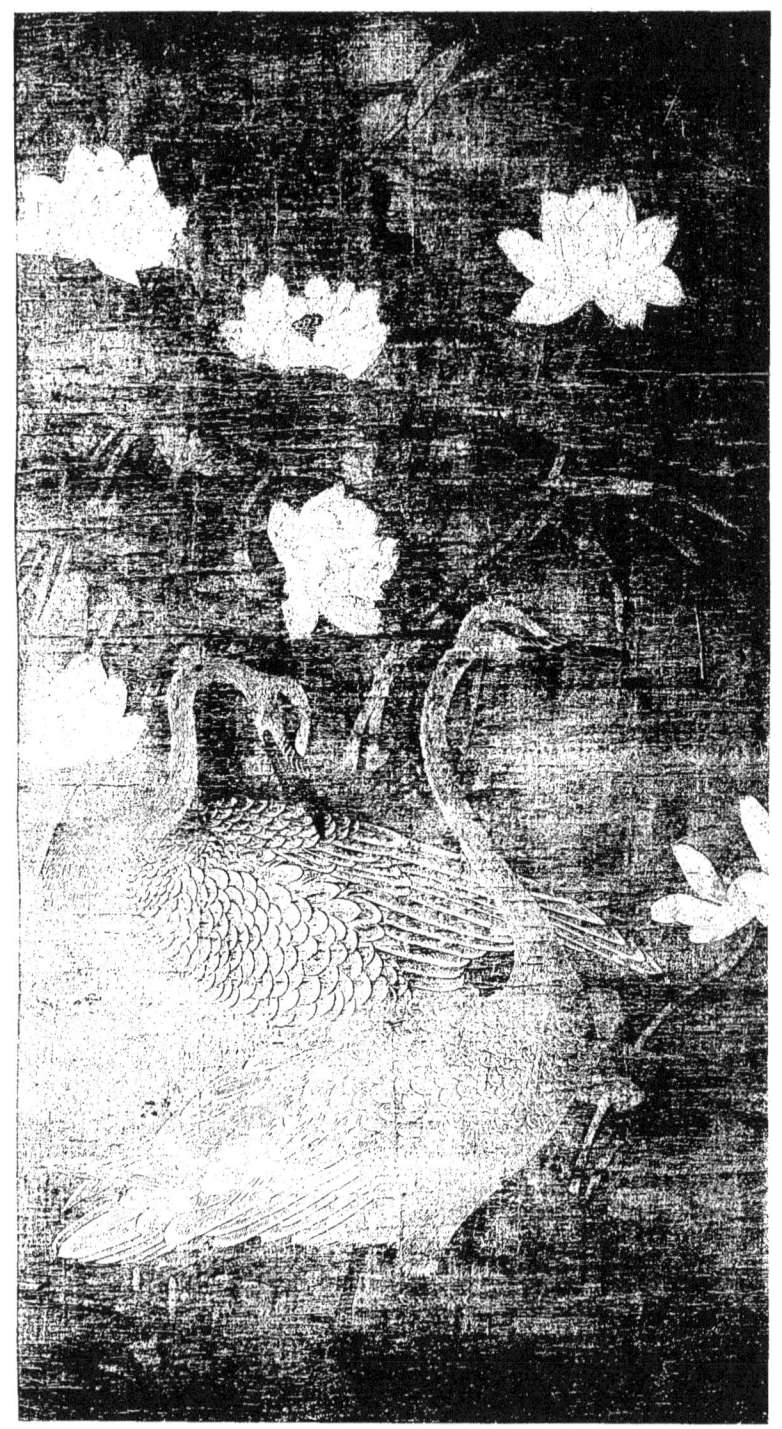

PLANCHE XII.

Couple de canards mandarins sous des lotus. Peinture anonyme du XIIe siècle.
Collection Vever.   PLANCHE XIII.

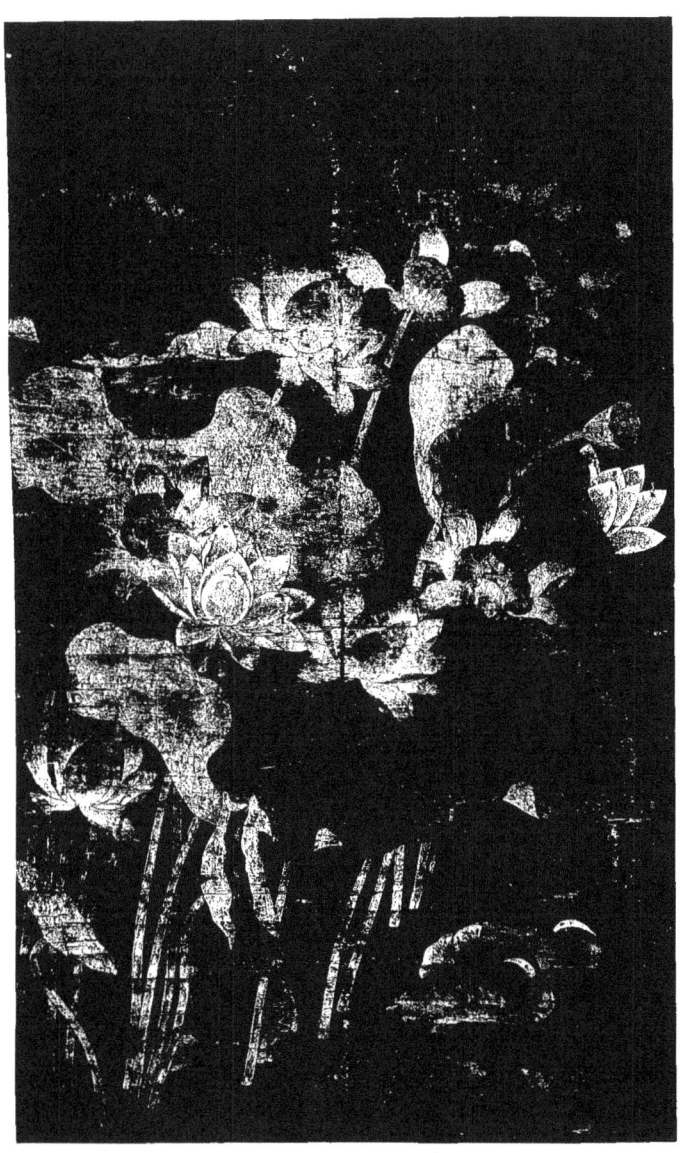

PLANCHE XIII.

Fleurs de Pivoines. Attribué à Li Ti (XIe-XIIe siècles).
Collection Bouasse-Lebel.
PLANCHE XIV.

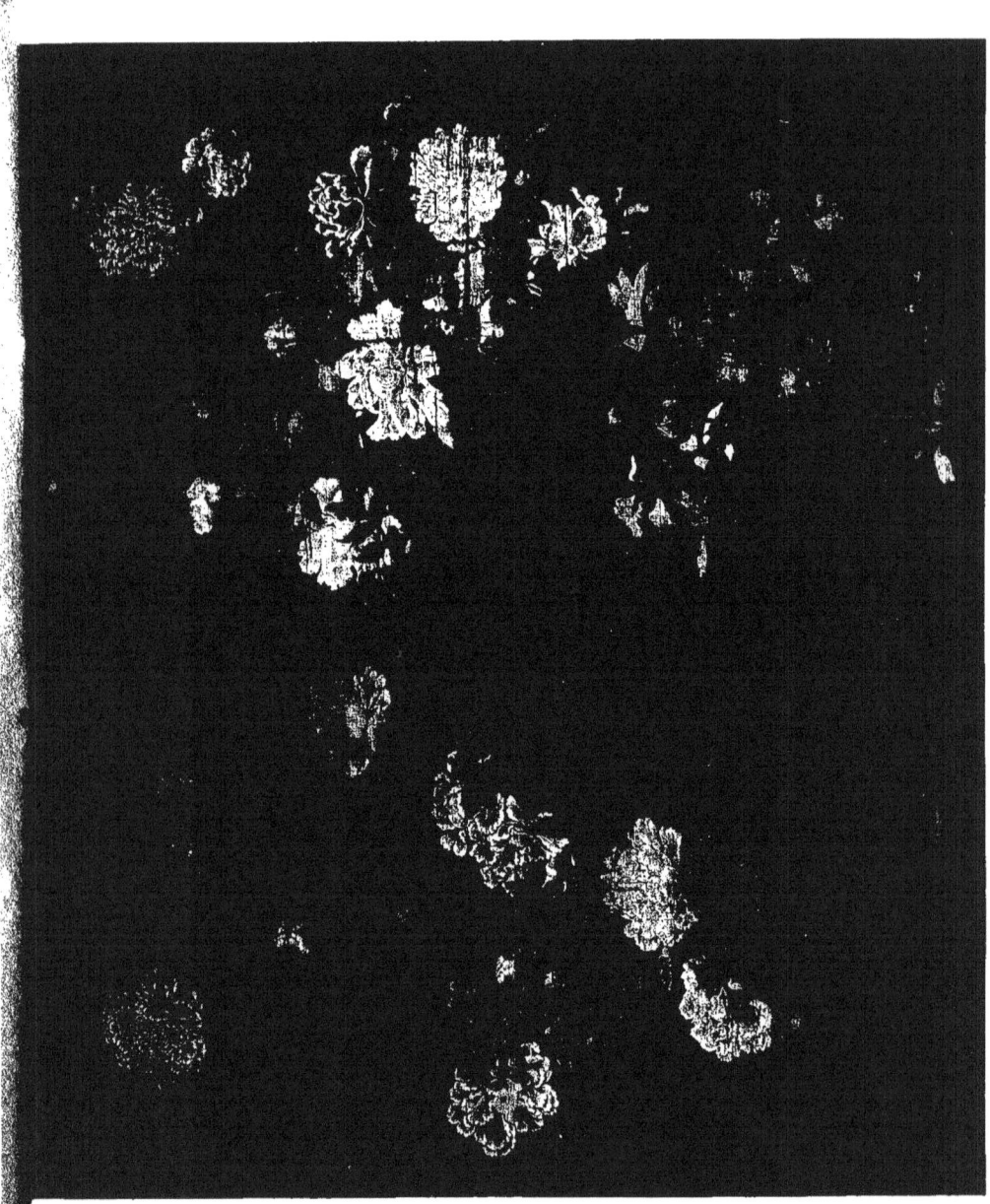

PLANCHE XIV.

Portraits du Maître Tcheou Lien-k'i et du grand conseiller Tcheou Yi-kong.
Peintures anonymes des xɪᵉ-xɪɪᵉ siècles.
Exposé par MM. Leyer. PLANCHE XV.

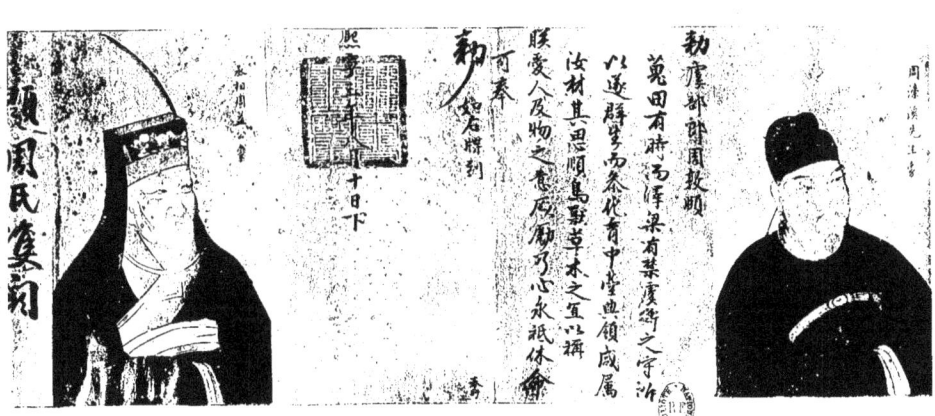

PLANCHE XV.

Portrait du vénérable Sou. Peinture anonyme des XIe-XIIe siècles.
Collection Goloubew.   PLANCHE XVI.

宋左僕射贈司空魏國公蘇頌

嘉泰甲子孟冬二十有五日高虎文贊四

魏公之德 如玉如璋 魏公之學 淵源深遠
魏公之文 追琢其章 魏公之書 金薤琳琅
魏公之孫 既書且方 魏公之傳 其城而昌
魏公翰藻 知公辭進 告公後人 學公不怠

上相銘戒 惟蘇氏世 官學以儒 何以遺後 其友此堂
非學何之 非書何習 終以不朽 聖賢可及

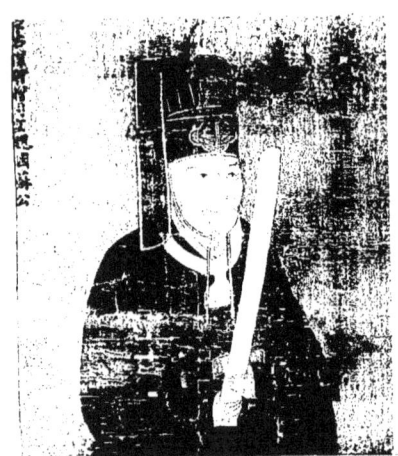

Portrait de prêtre. Peinture anonyme du xiiie ou du xive siècle (?).
Collection Rivière. PLANCHE XVII.

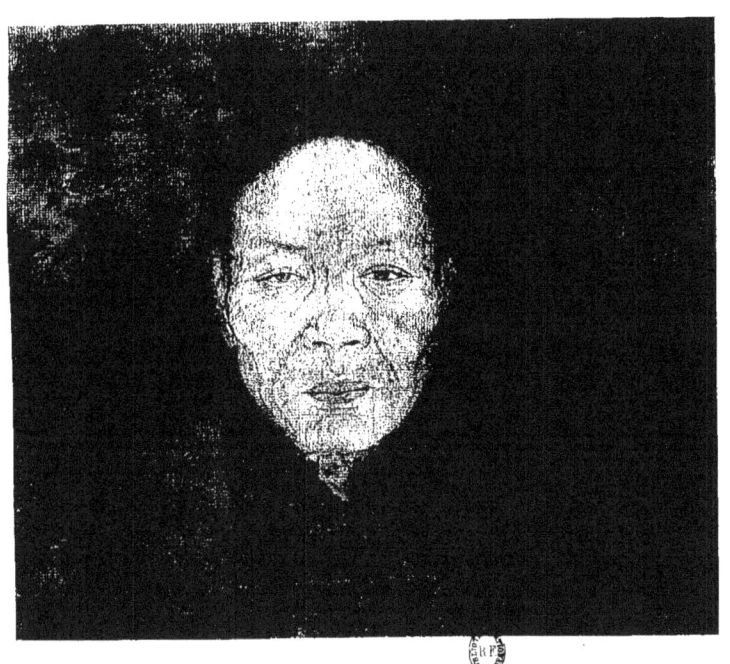

PLANCHE XVII.

Paysage attribué à Ma Lin (xiiie siècle).
Collection Petrucci.   PLANCHE XVIII.

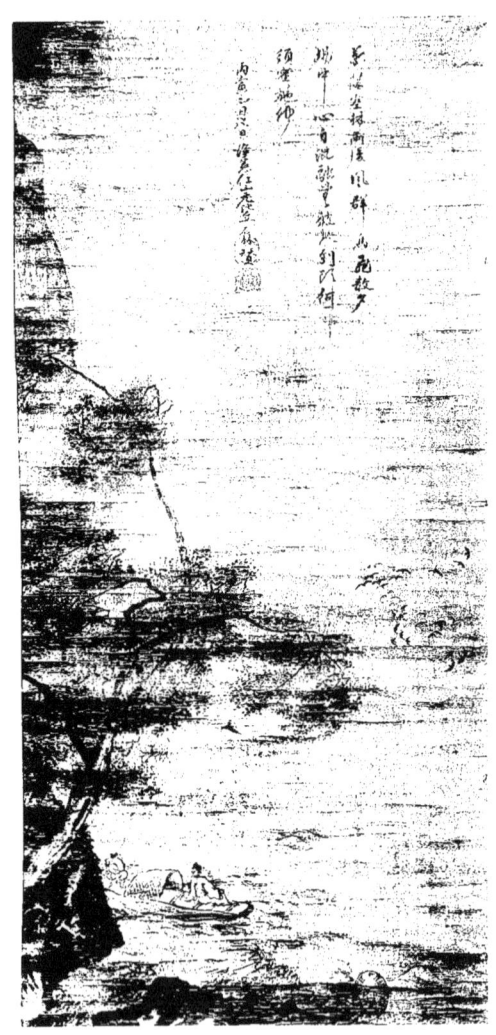

Pigeons, amarantes et chrysanthèmes par Ts'ien Siuan (XIIIᵉ-XIVᵉ siècles).
Collection Petrucci. PLANCHE XIX.

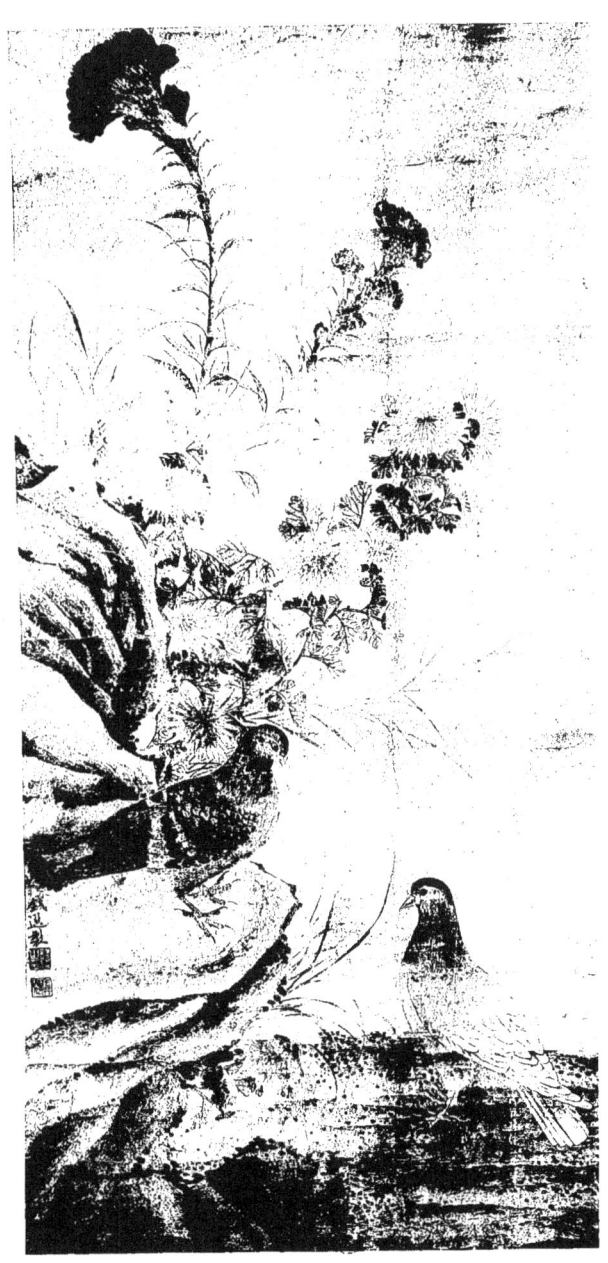

PLANCHE XIX.

Cavaliers mongols poursuivant un cheval échappé, par Tchao Mong-fou
(XIIIe-XIVe siècles).

Collection Kann.

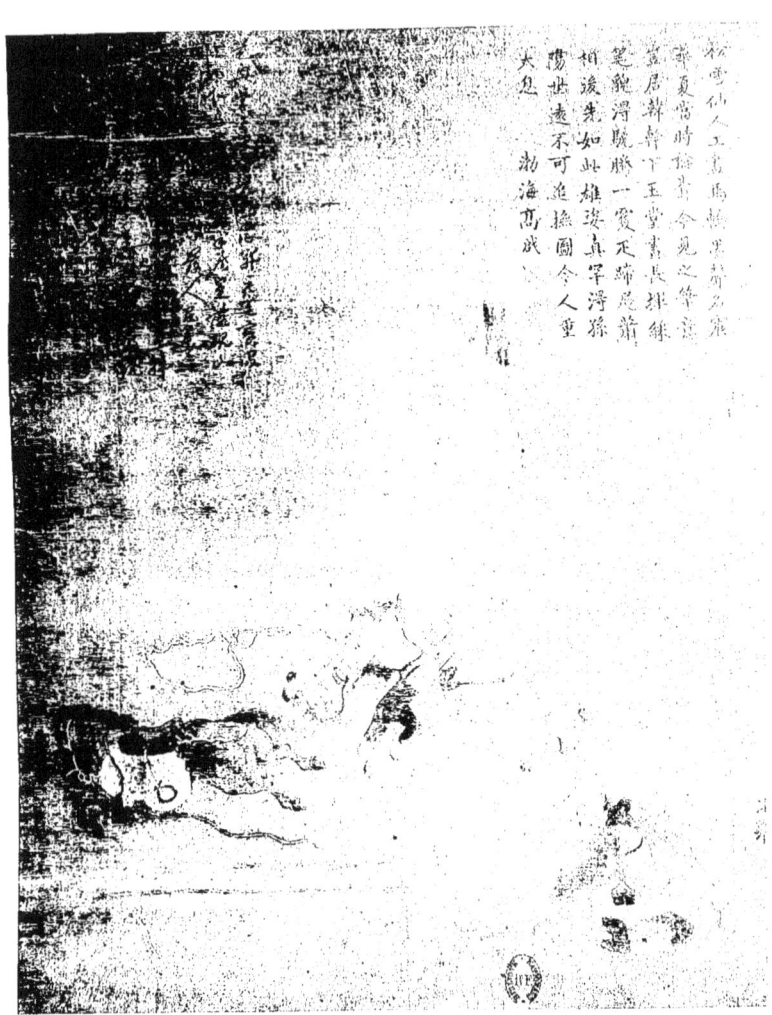

Cavalier mongol rentrant de la chasse, par Tchao Mong-fou (XIIIe-XIV siècles).
Collection Doucet.

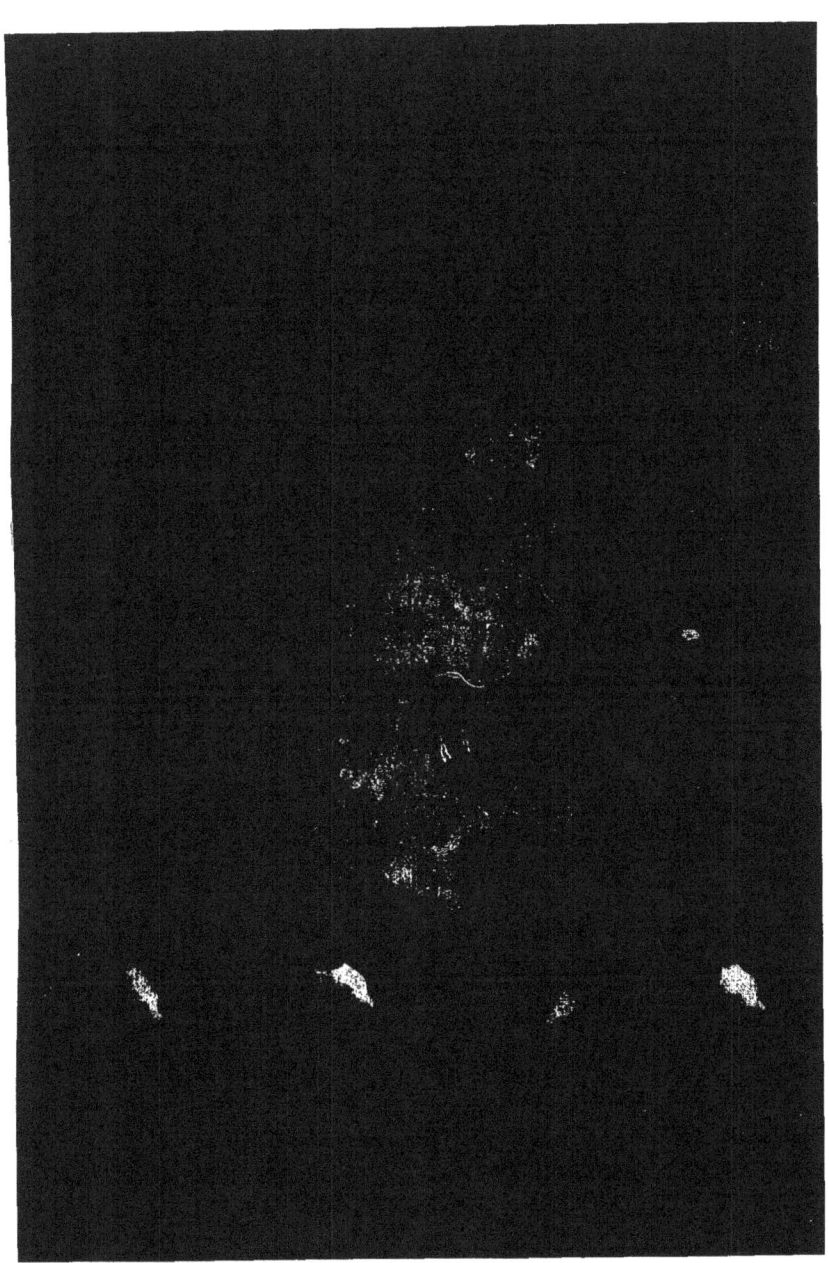

PLANCHE XXI.

Cavalier chinois suivi d'assistants portant son bagage.
Peinture anonyme (Xe-XIIIe siècles).
Collection Stoclet. PLANCHE XXII.

PLANCHE XXII.

Portrait du cheval « Blanc comme le givre congelé ».
Peinture anonyme du xiv⁰ ou du début du xv⁰ siècle.
Collection Doucet.   PLANCHE XXIII.

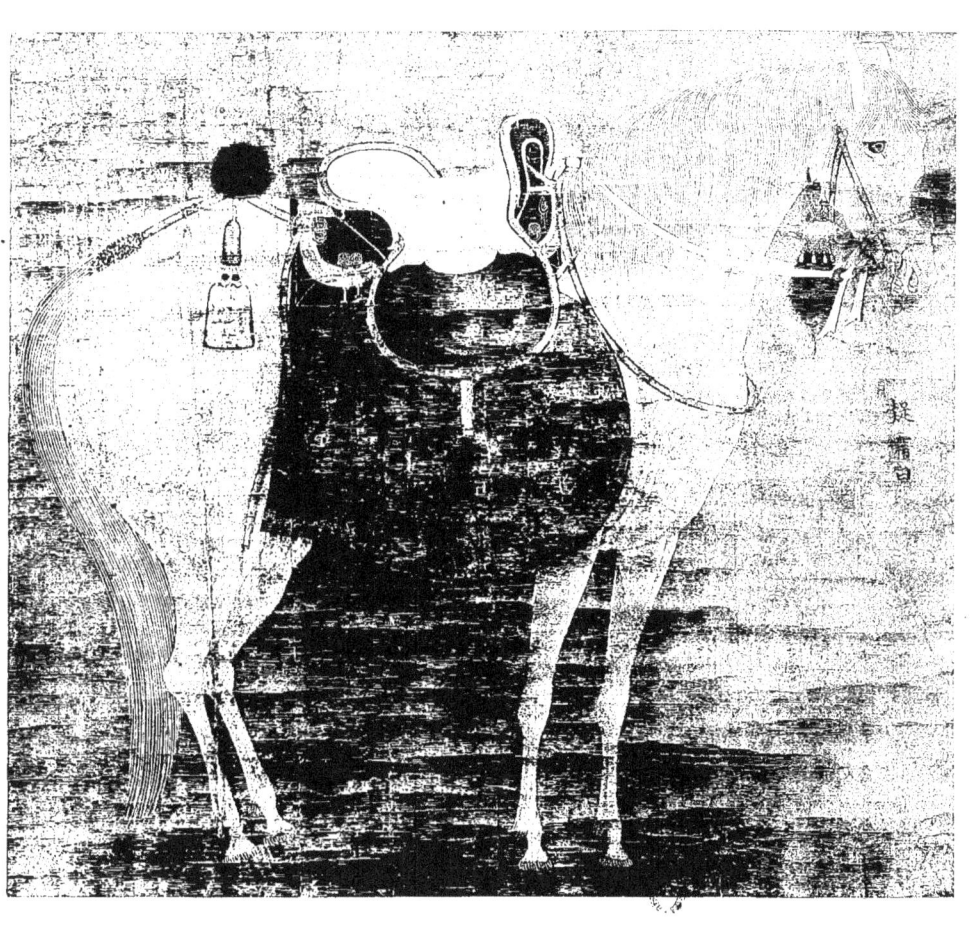

PLANCHE XXIII.

N° 2. — Paysage, par Wen Tcheng-ming (xv⁰-xvi⁰ siècles).

N° 1. — Scène de *jen-wou*. Ecole de Tchao Mong-fou. xv⁰ siècle).
Collection Princesse Murat. PLANCHE XXIV.

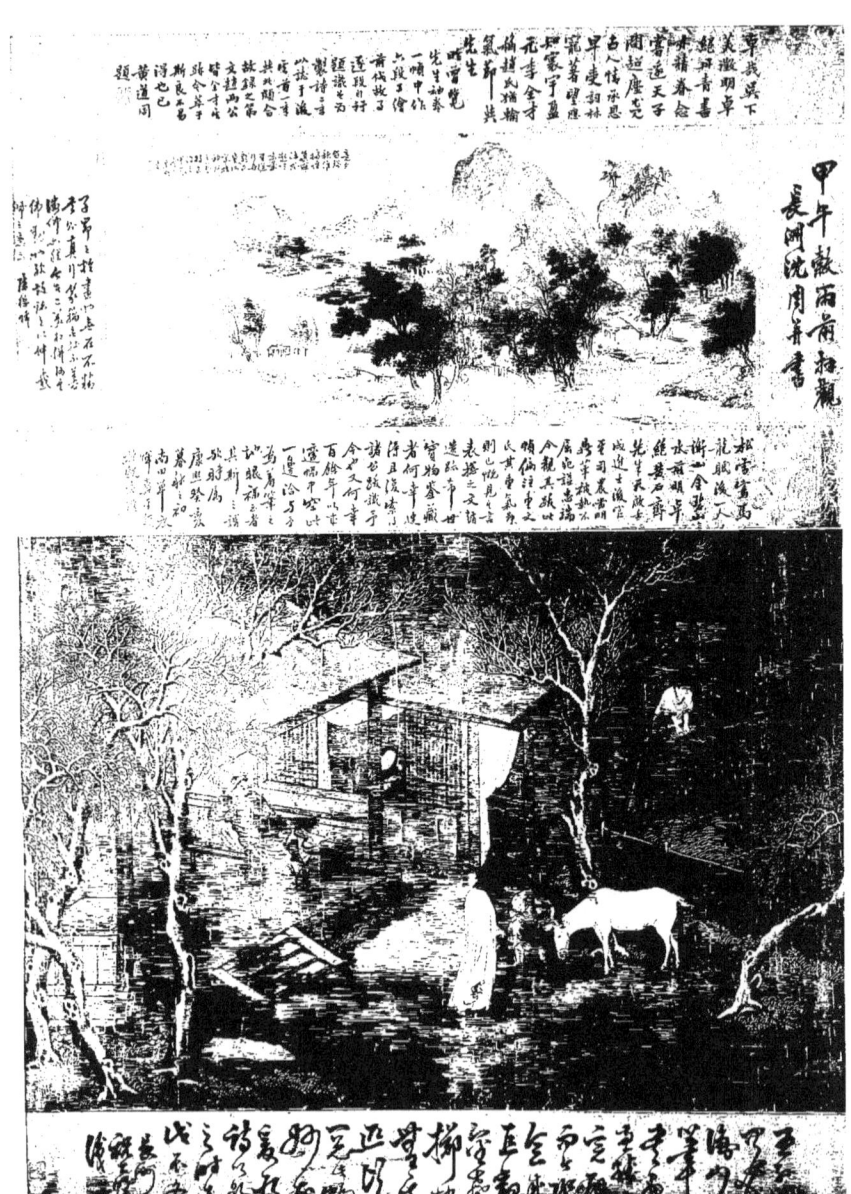

PLANCHE XXIV.

Berger et buffles sous un saule. **Attribué** à Tchao Yong.
Collection Goloubew.   PLANCHE XXV.

Départ pour la chasse au faucon. Attribué à Tchao Yong (xive siècle).
Exposé par M. Worch. PLANCHE XXVI.

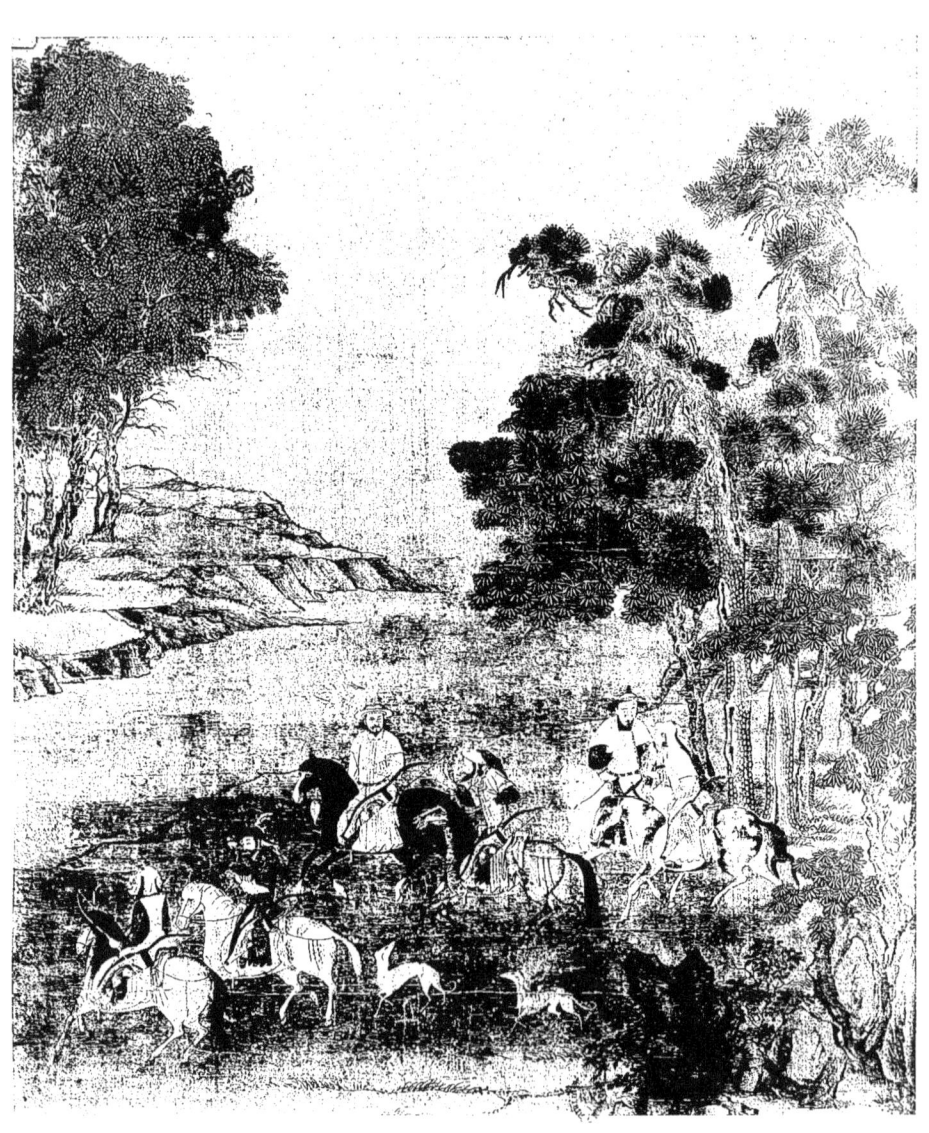

PLANCHE XXVI.

Canards mandarins, par Wang Yuan (xive siècle).
Exposé par M. Vignier.   PLANCHE XXVII.

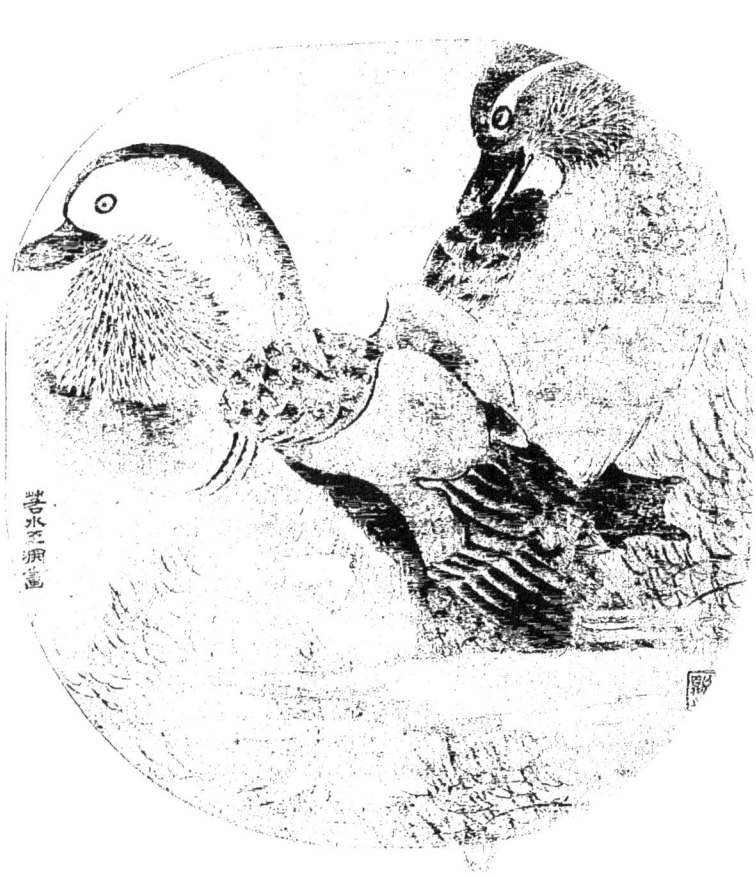

PLANCHE XXVII.

Perroquets et cacatoès. Attribué à Wang Yuan,
réplique du xviie ou du xviiie siècle.
Collection Henraux.   PLANCHE XXVIII.

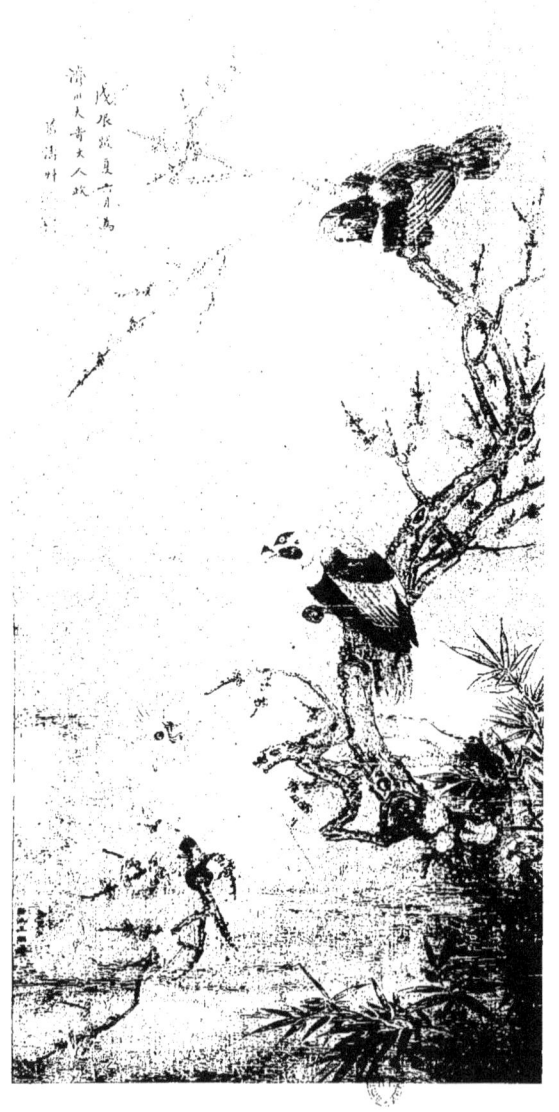

PLANCHE XXVIII.

Canard mandarin nageant sous un bouquet de lotus.
Peinture anonyme du XIVe siècle.
Collection Henraux.   PLANCHE XXIX

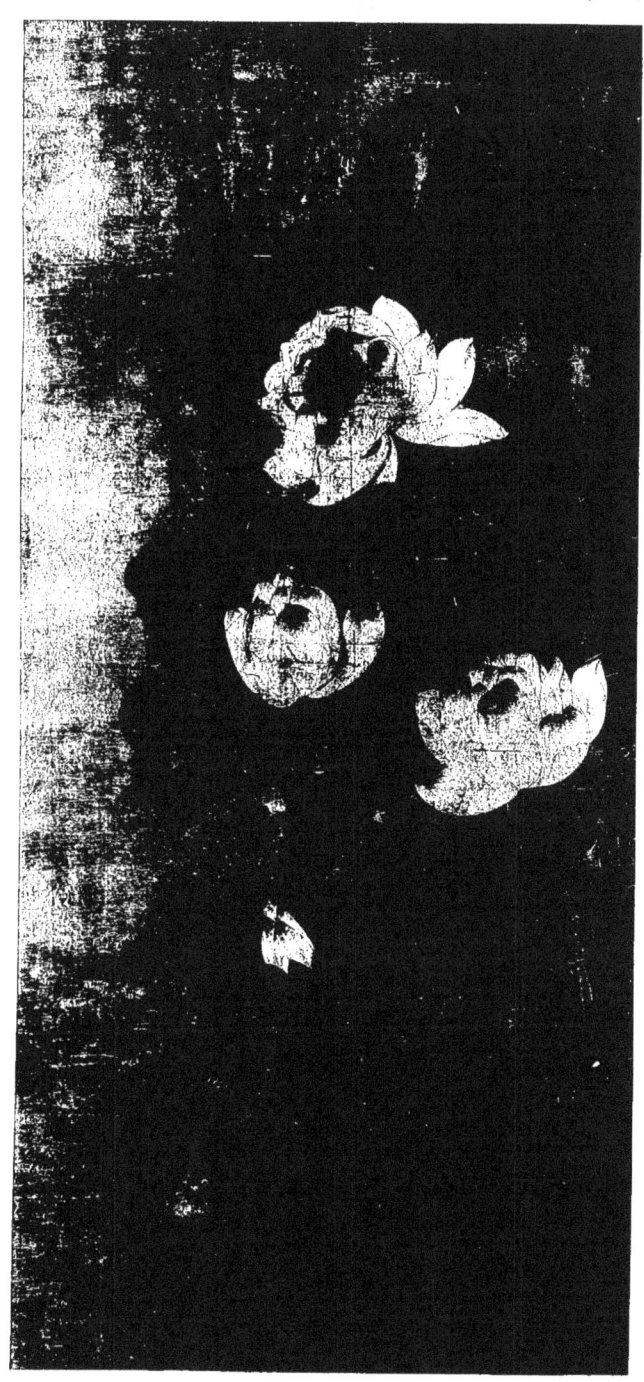

PLANCHE XXIX.

Oiseaux et fleurs. Peinture anonyme du xiv⁰ siècle.
Collection Petrucci.   PLANCHE XXX.

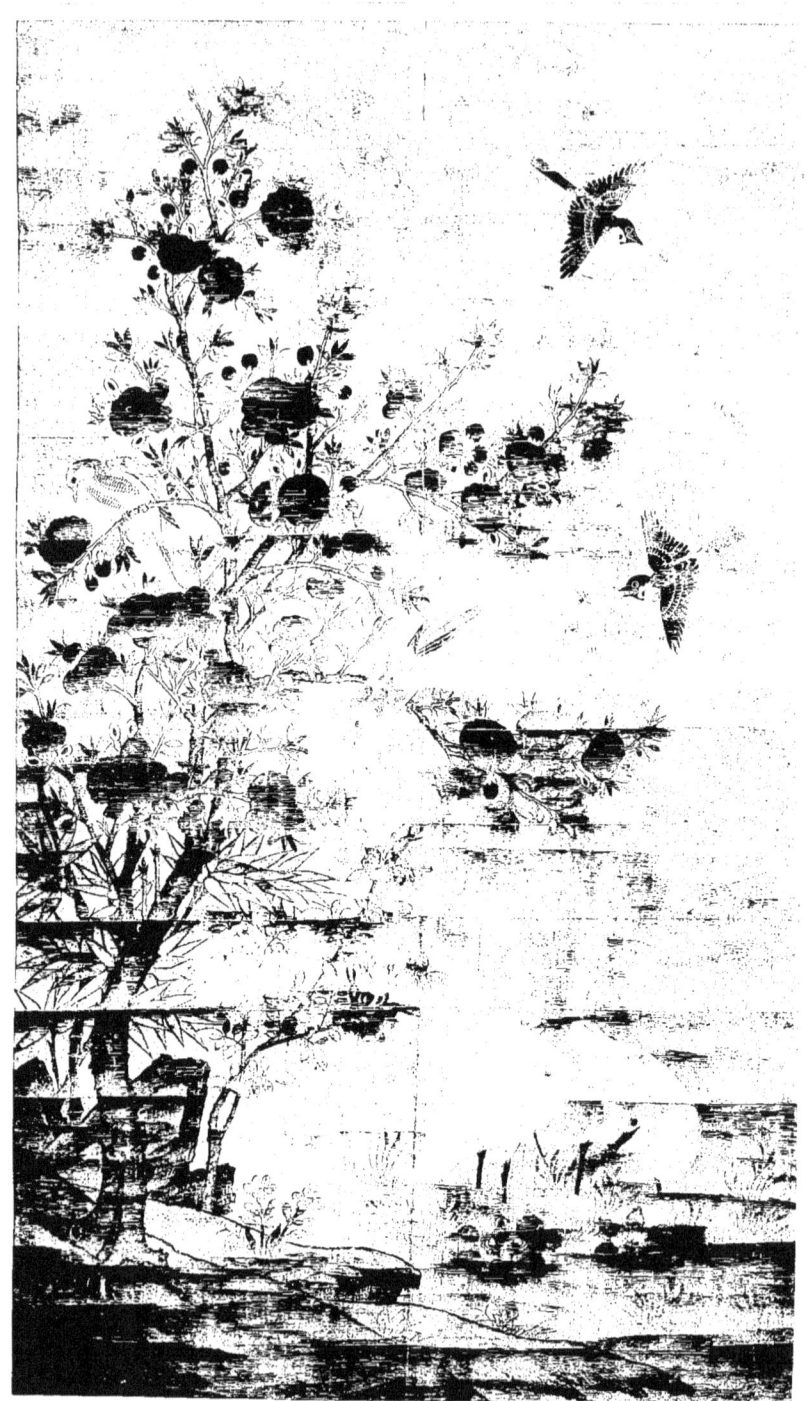

PLANCHE XXX.

Grues et bambous (Sagesse et Longévité). Peinture anonyme du xive siècle.
Collection Goloubew. PLANCHE XXXI.

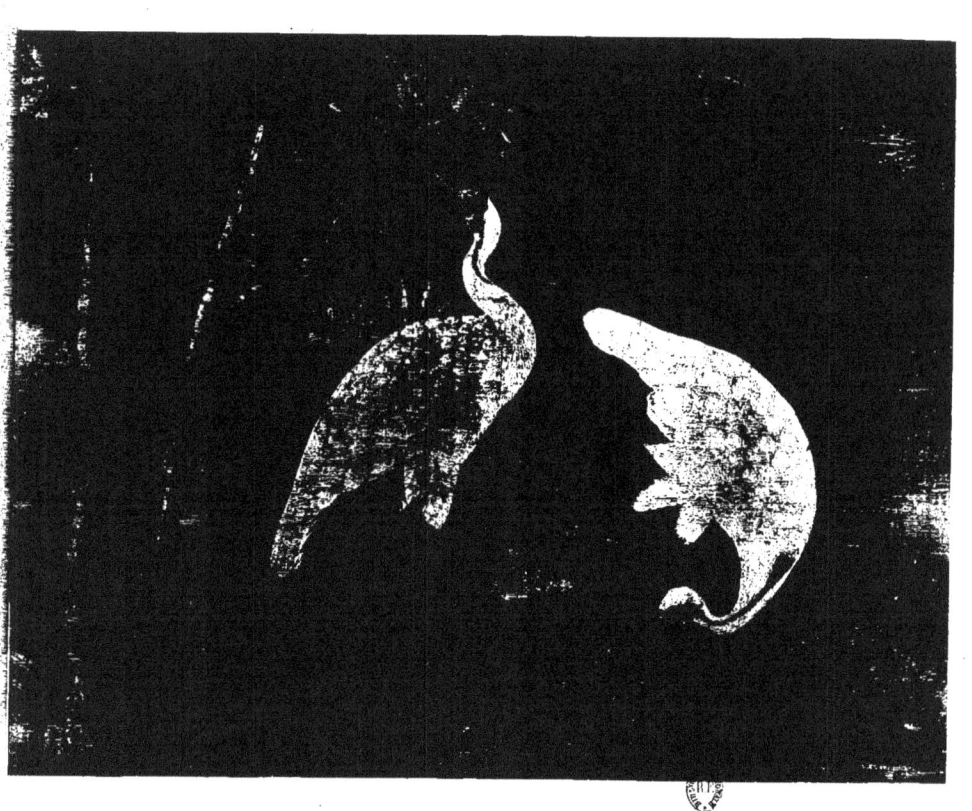

PLANCHE XXXI.

Palais. Peinture anonyme du xive siècle.
Collection Goloubew.   PLANCHE XXXII.

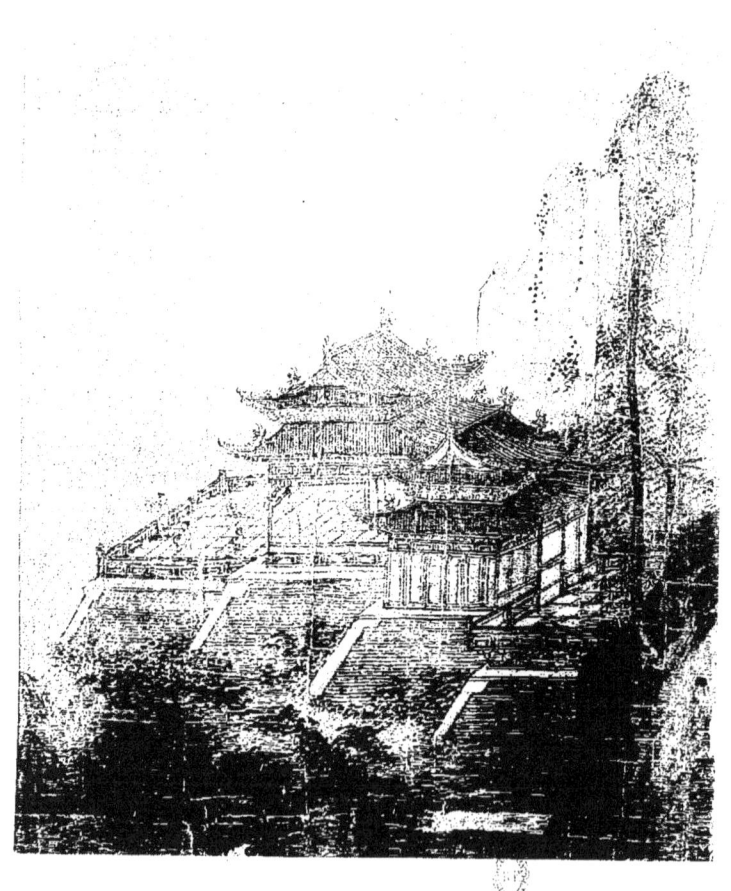

PLANCHE XXXII.

Cormorans, par Pien Wen-tsin (xv® siècle).
Exposé par M Vignier.   PLANCHE XXXIII.

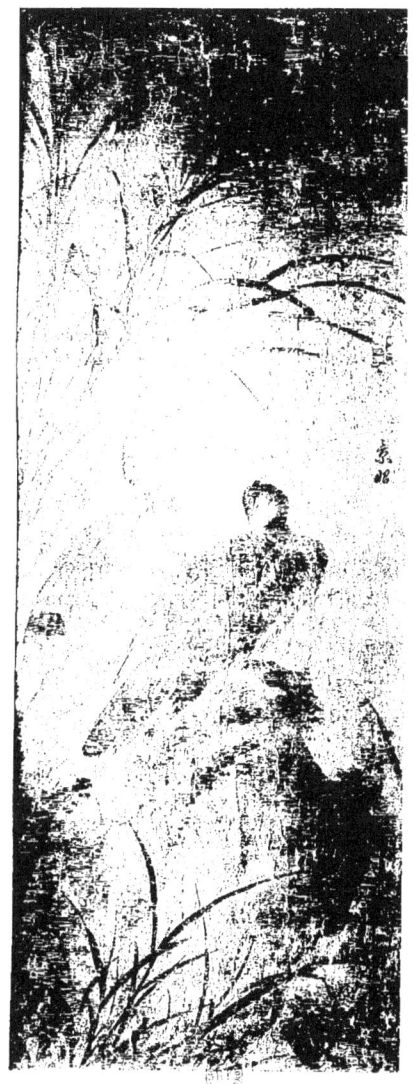

PLANCHE XXXIII.

Oie, par Lu Ki (xvᵉ-xvɪᵉ siècles).
Exposé par M. Worch.   PLANCHE XXXIV.

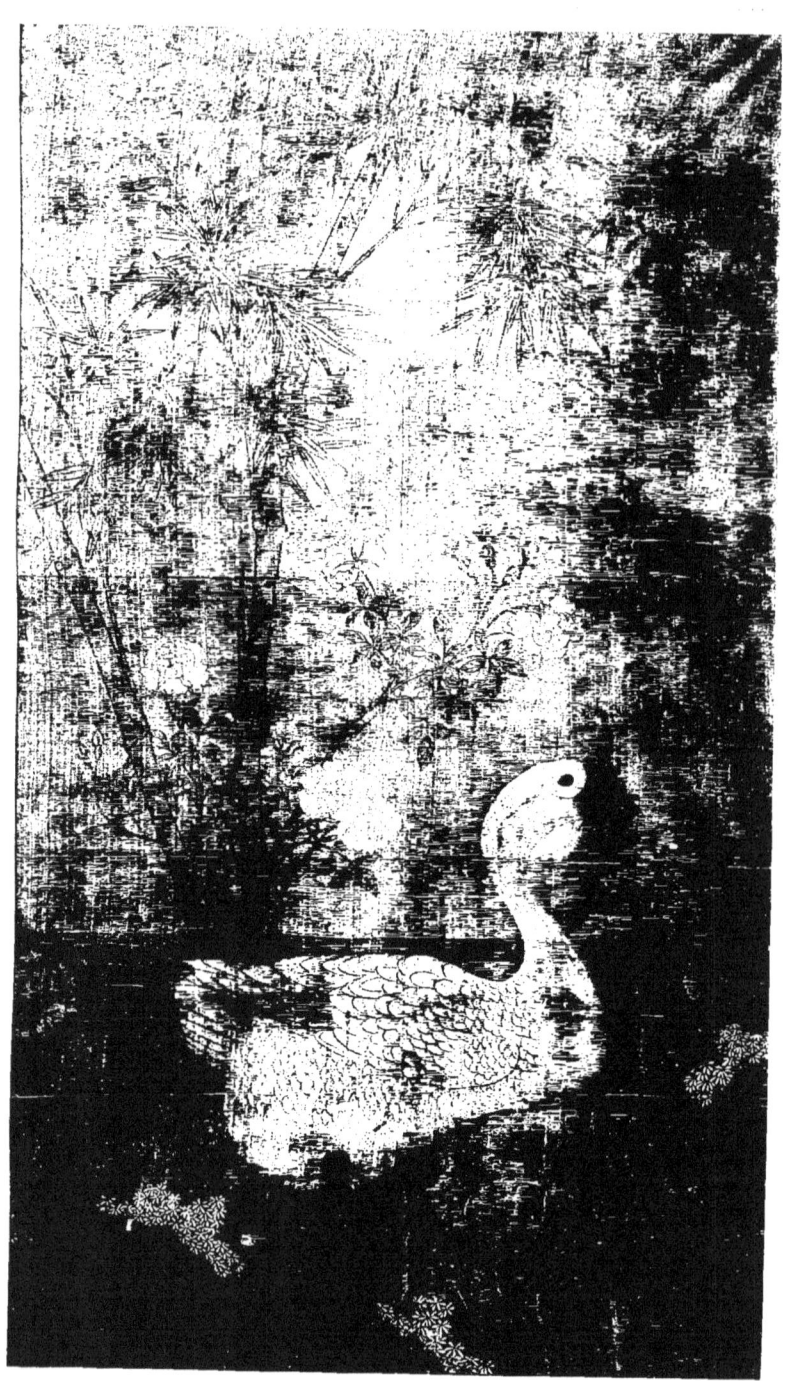

PLANCHE XXXIV.

Insectes sur une plante de coqueret. Peinture anonyme du xv⁰ siècle.
Collection Petrucci. PLANCHE XXXV.

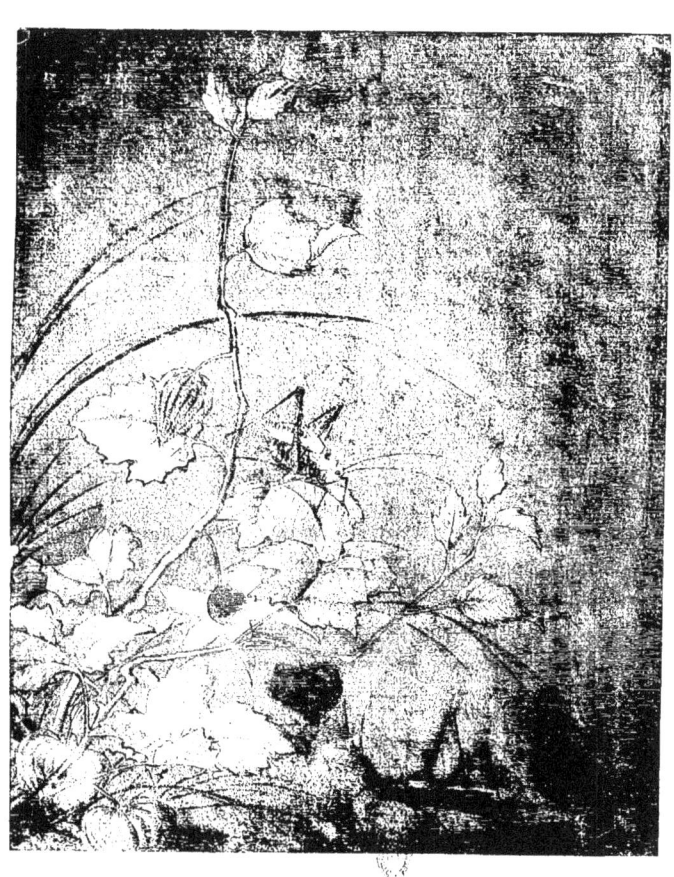

PLANCHE XXXV.

Paysage d'hiver. Peinture anonyme du xve ou du xvie siècle.
Collection Princesse Murat.   PLANCHE XXXVI.

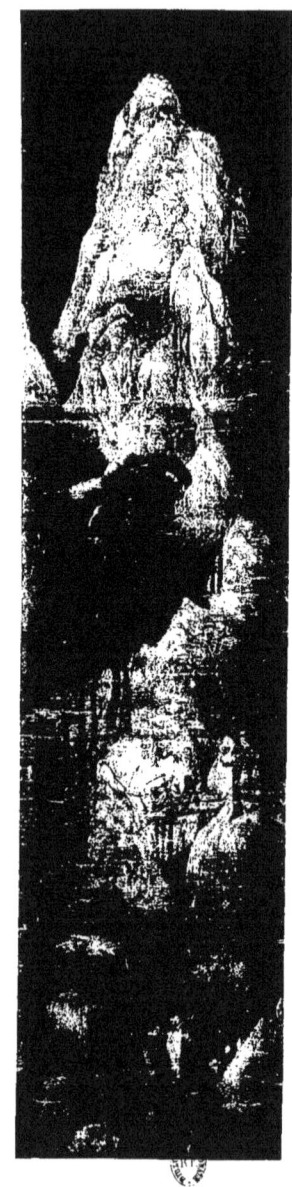

PLANCHE XXXVI.

Palais des Génies et des Immortels. Peinture anonyme du XVIᵉ siècle.
Collection Bouasse-Lebel. PLANCHE XXXVII.

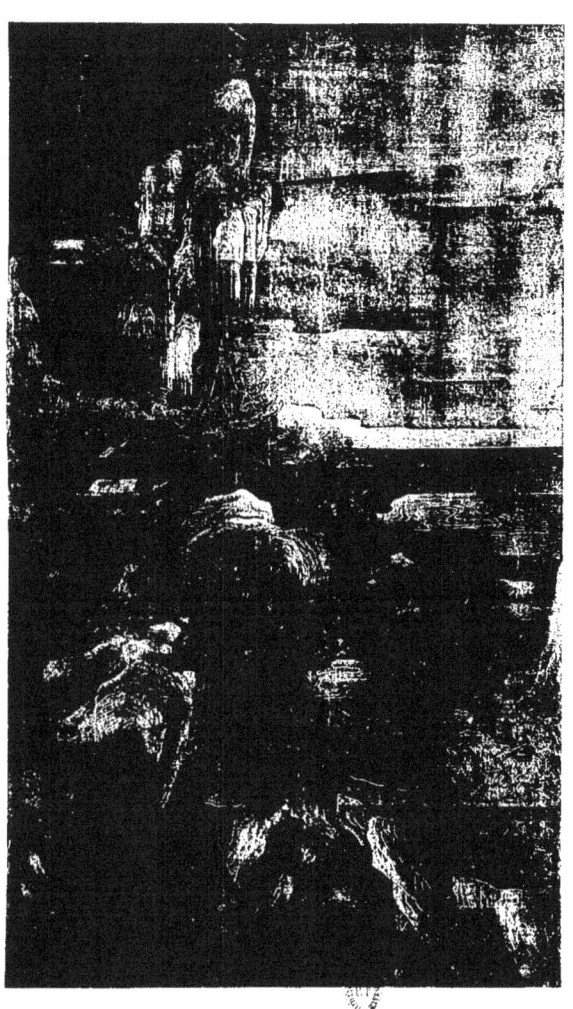

PLANCHE XXXVII.

La Beauté à la fleur de Pivoine. Attribué à T'ang Yin (XVe-XVIe siècles).
Collection Goloubew.   PLANCHE XXXVIII.

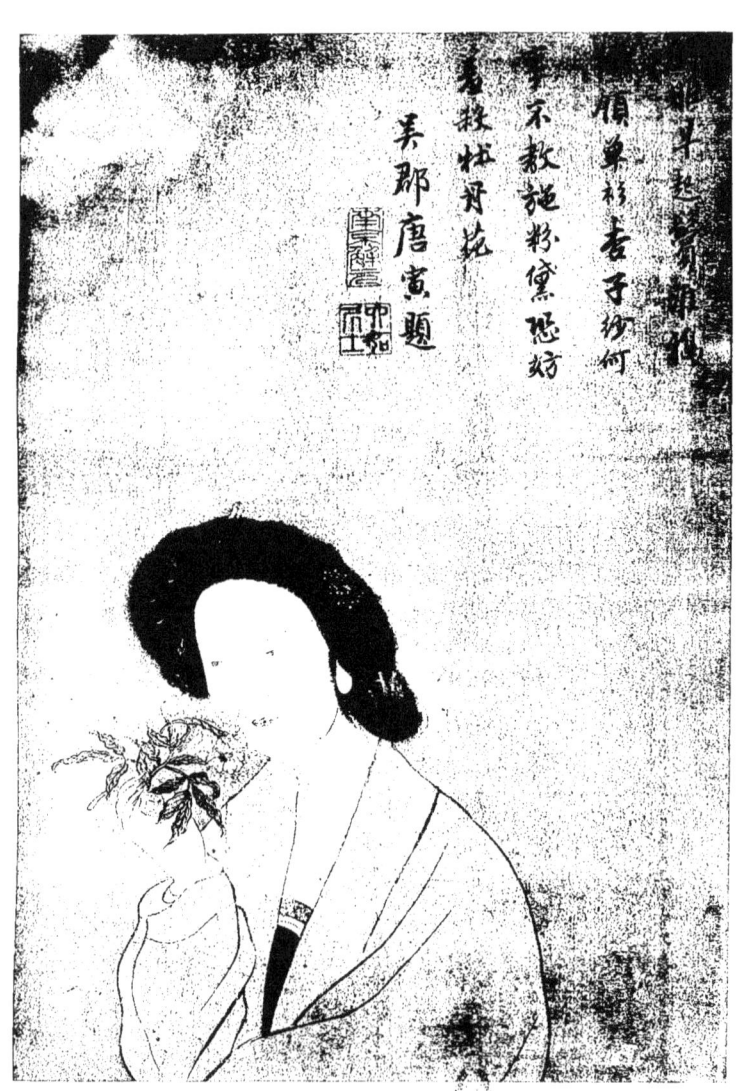

Portraits funéraires. Peinture des XVIᵉ-XVIIᵉ siècles.
Exposé par M. Kalebdjian.   **PLANCHE XXXIX.**

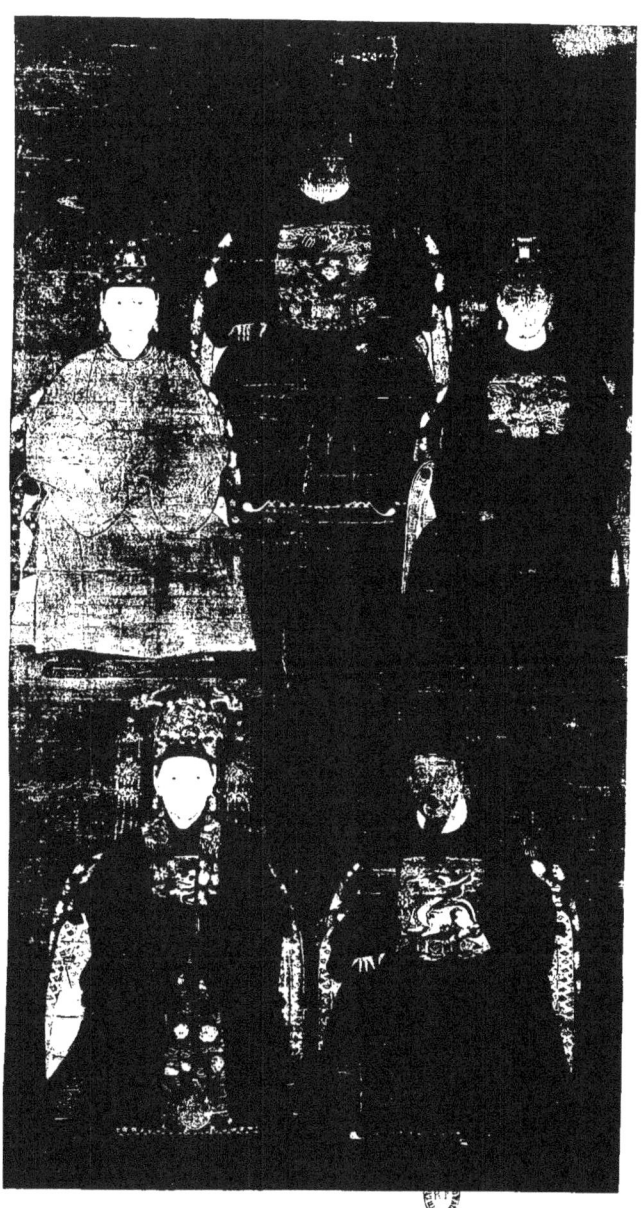

PLANCHE XXXIX.

Fleurs de lotus, par Wang Kouen (XVIIe-XVIIIe siècles).
Collection Kann. PLANCHE XL.

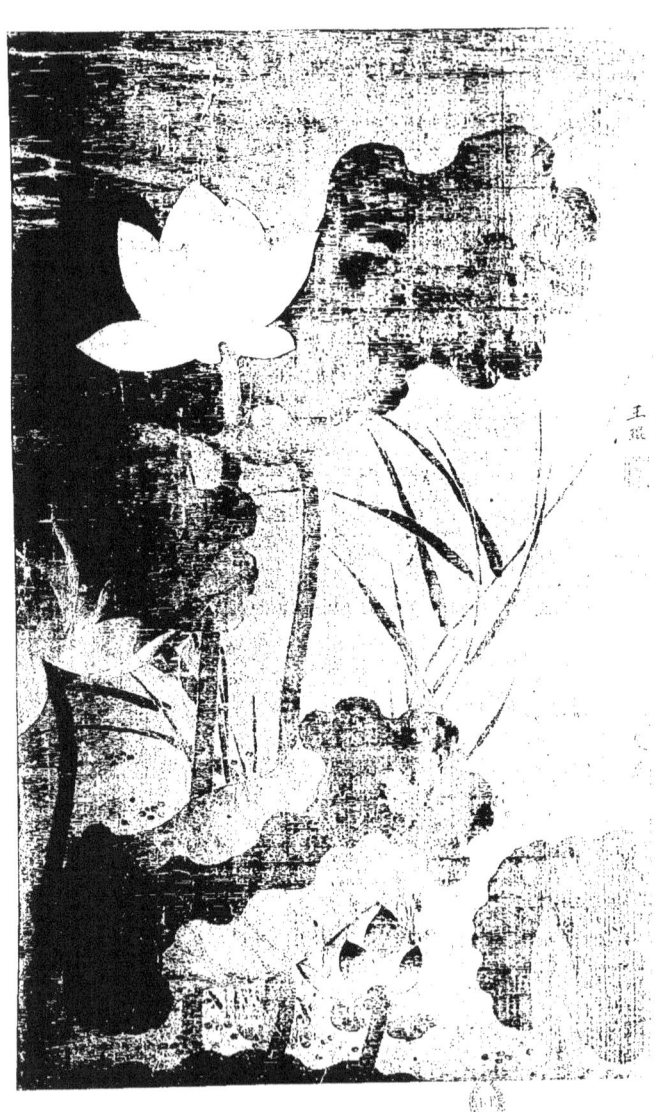

PLANCHE XL.

Canards, par Sseu-ma Tchong, à l'imitation de Houang Kiu-ts'ai.
Époque des Ts'ing.

Exposé par M. Héliot.   **PLANCHE XLI.**

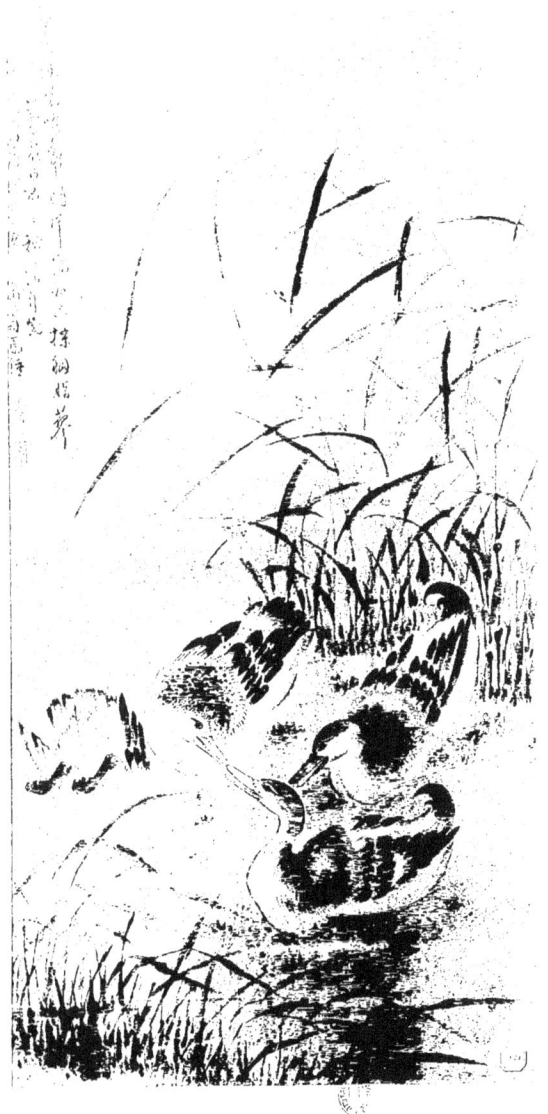

Arbres d'amour, par **Yu Tche-ting** (xviie-xviiie siècles).
Collection Goloubew. PLANCHE XLII.

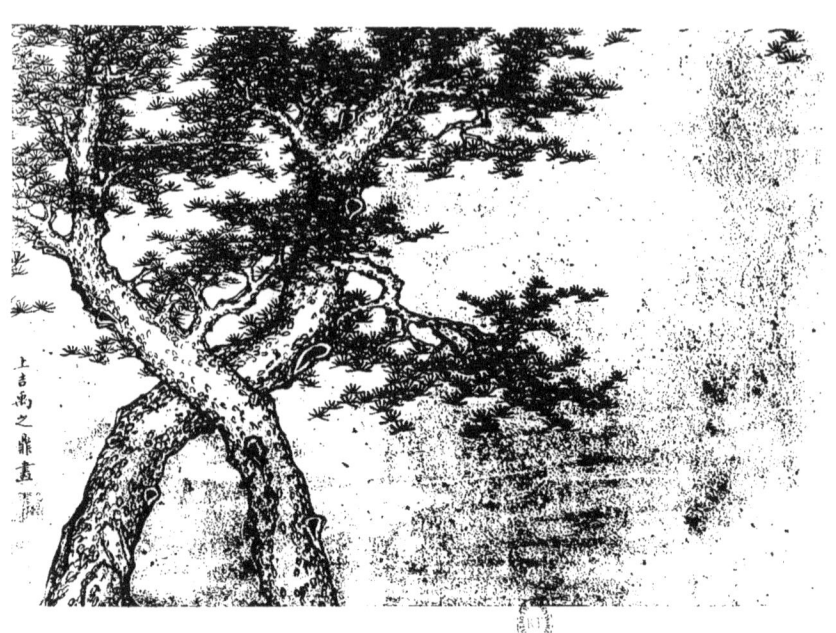

PLANCHE XLII.

Portrait d'un empereur. Peinture anonyme du XVIIIe siècle.
Collection Goloubew. PLANCHE XLIII.

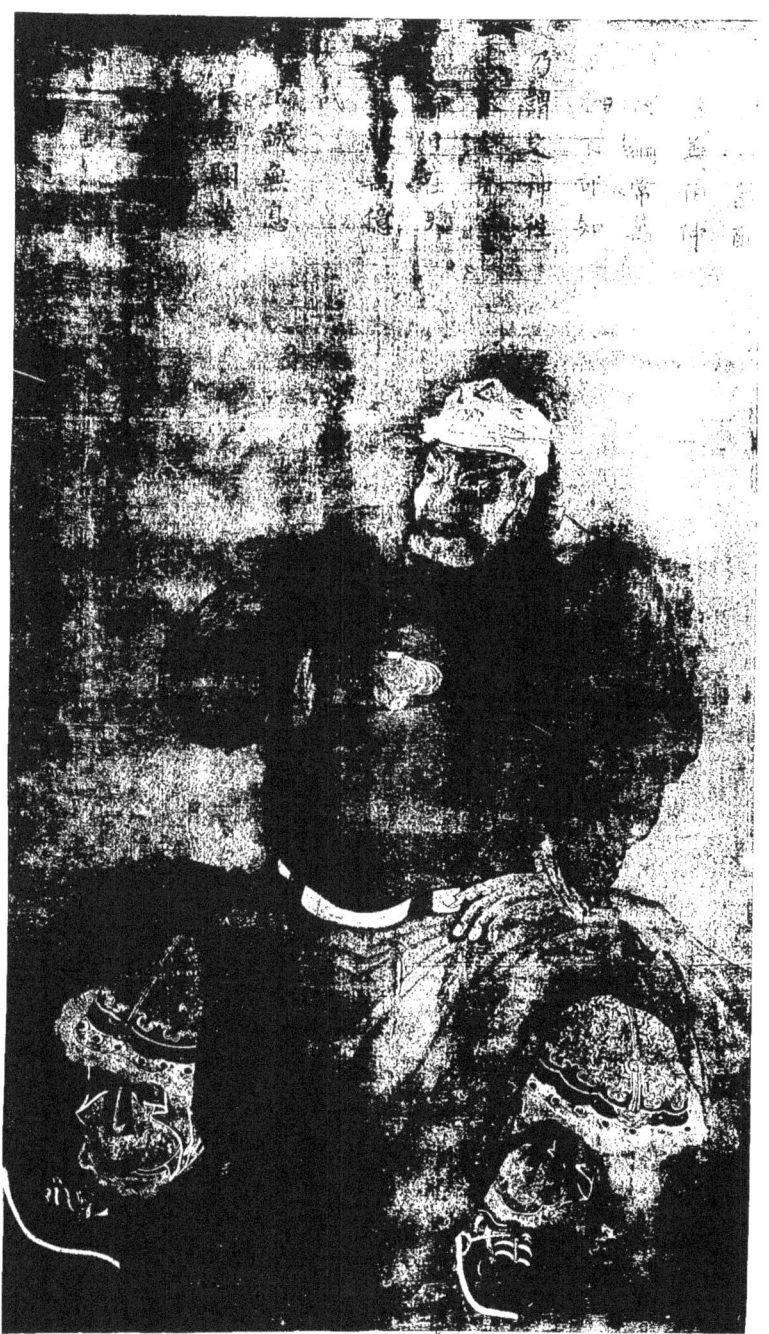

PLANCHE XLIII.

Oies dans les roseaux, par Pien Tcheou-min (XVIIIe siècle).
Collection Bouasse-Lebel.   PLANCHE XLIV.

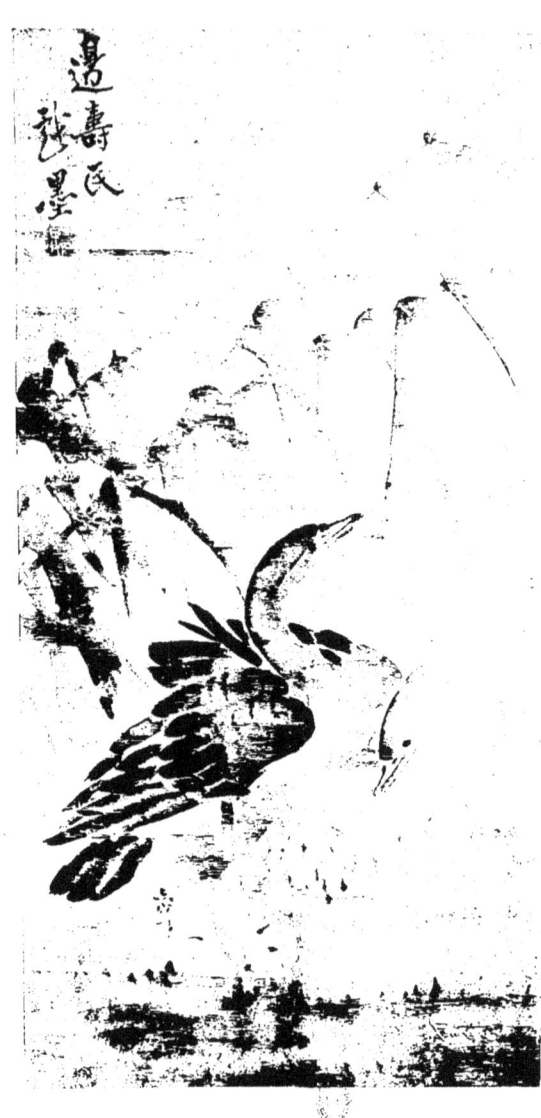

PLANCHE XLIV.

Pivoines, par Wou Meou (xviiiᵉ siècle).
Collection Goloubew.   PLANCHE XLV.

PLANCHE XLV.

Faisans, magnolias et pivoines, par Tchang Cheng (XVIIIᵉ siècle).
Exposé par M. Worch   PLANCHE XLVI.

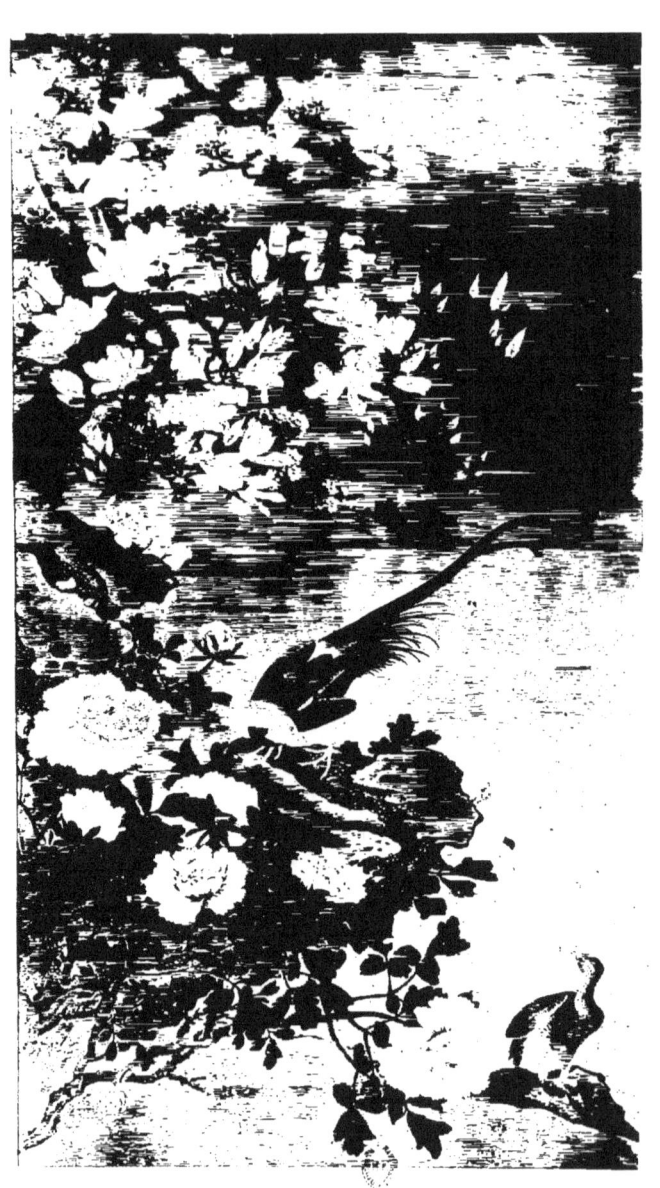

PLANCHE XLVI.

Li T'ie-kouai et Lan Ts'ai-ho, par Fou Wen (XVIIIᵉ siècle).
Collection Bouasse-Lebel.

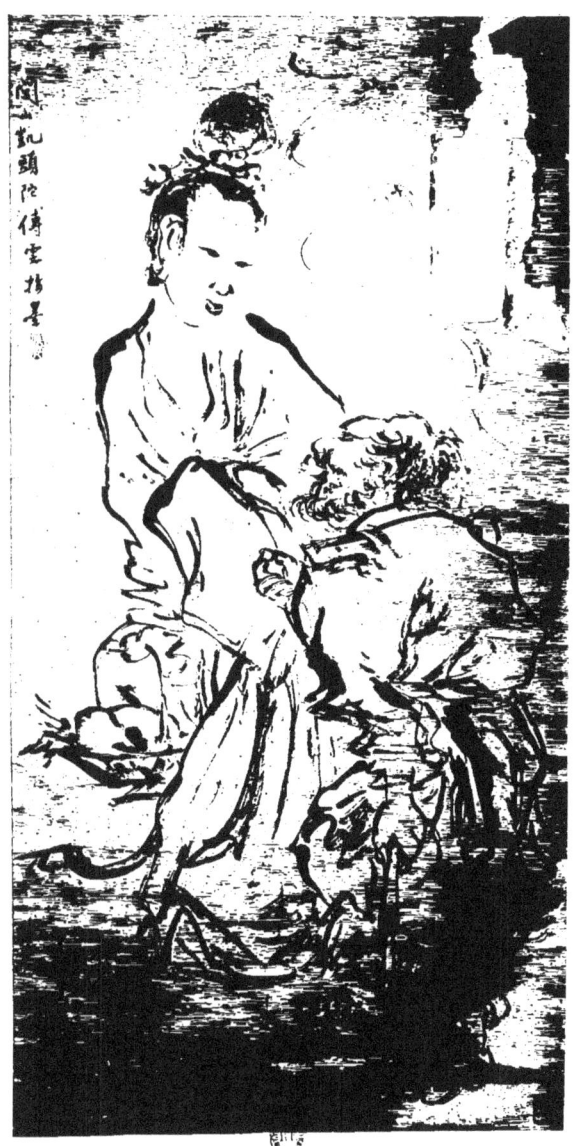

PLANCHE XLVII.

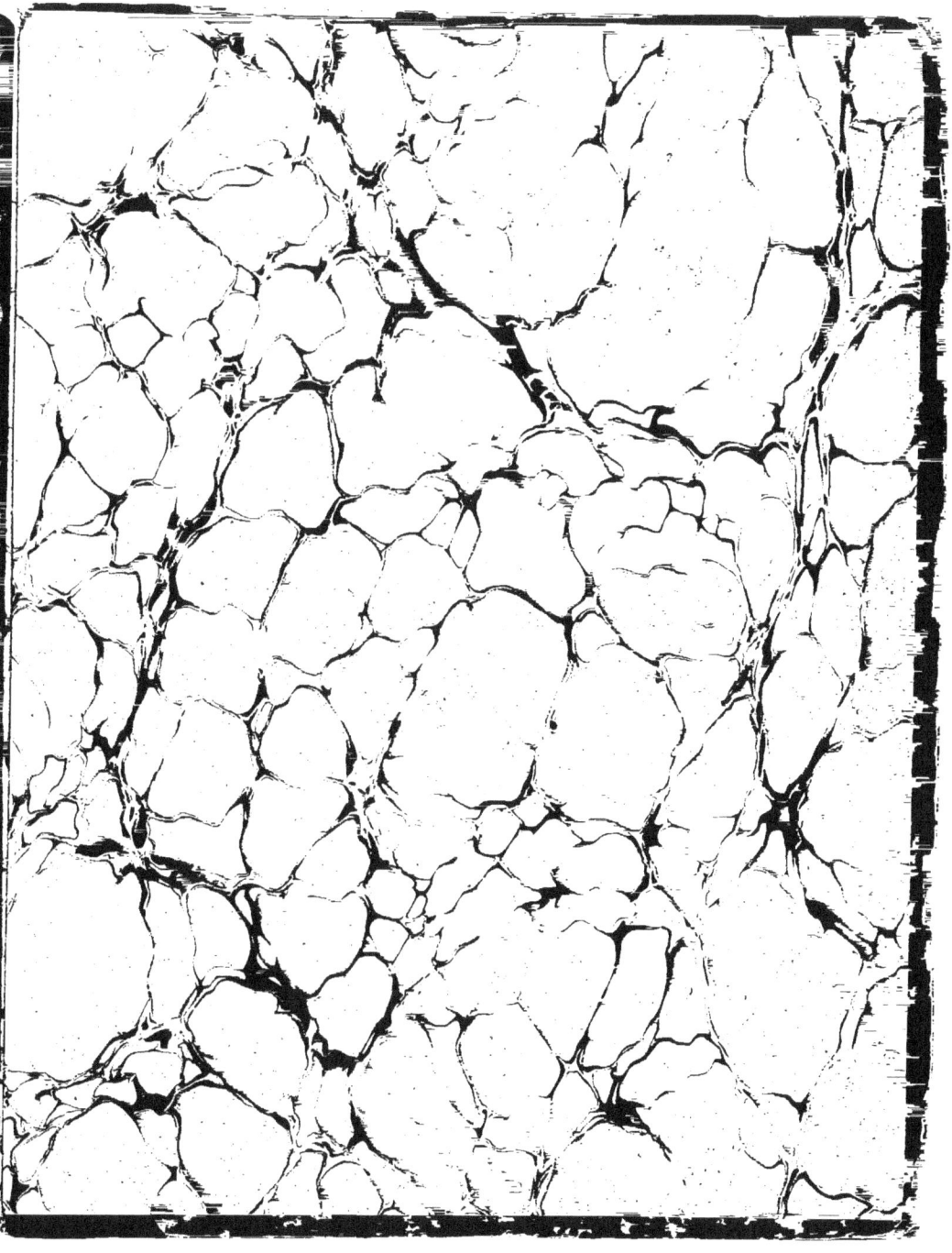

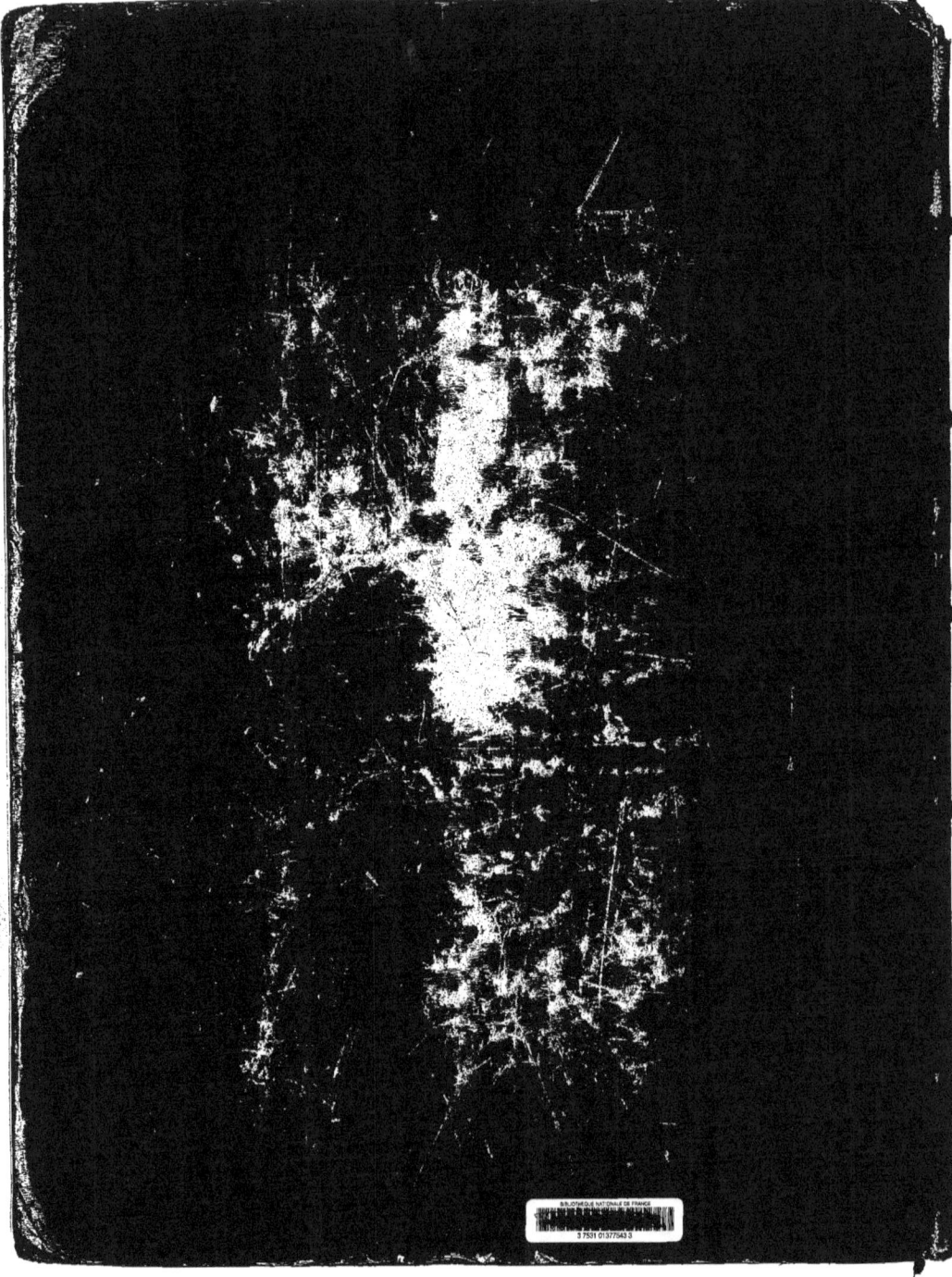

www.ingramcontent.com/pod-product-compliance
Lightning Source LLC
Chambersburg PA
CBHW050200230526
45470CB00001B/181